会展营销

◎ 王琪 耿红莉 主　编
　程冲 李艳芬 副主编

清华大学出版社
北京

内 容 简 介

本书围绕会展营销行业发展新态势编写，根据校企合作的实际，将会展营销主要岗位能力分解成模块，每个模块以案例导入，提炼出岗位能力要求所必需的基本理论和主要技能，最后通过实战演练的形式进行综合考核。本书共八个模块，主要内容为：模块一是会展营销认知；模块二是会展营销环境与市场调查；模块三是会展营销战略及STP；模块四是会展产品及品牌；模块五是会展产品定价；模块六是会展营销渠道；模块七是会展促销；模块八是会展营销创新。

本书既可作为高职院校会展策划与管理、展示艺术设计、数字展示技术、体育运营与管理、婚庆服务与管理等专业教材，也可作为会展策划公司参考用书。

本书封面贴有清华大学出版社防伪标签，无标签者不得销售。
版权所有，侵权必究。举报：010-62782989，beiqinquan@tup.tsinghua.edu.cn。

图书在版编目(CIP)数据

会展营销/王琪，耿红莉主编. —北京：清华大学出版社，2022.9（2024.2重印）
ISBN 978-7-302-59951-7

Ⅰ.①会… Ⅱ.①王… ②耿… Ⅲ.①展览会－市场营销学－高等职业教育－教材 Ⅳ.①G245

中国版本图书馆CIP数据核字(2022)第019800号

责任编辑：张 弛
封面设计：刘 键
责任校对：刘 静
责任印制：曹婉颖

出版发行：清华大学出版社
网　　址：https://www.tup.com.cn，https://www.wqxuetang.com
地　　址：北京清华大学学研大厦A座　　邮　编：100084
社 总 机：010-83470000　　邮　购：010-62786544
投稿与读者服务：010-62776969，c-service@tup.tsinghua.edu.cn
质量反馈：010-62772015，zhiliang@tup.tsinghua.edu.cn
课件下载：https://www.tup.com.cn，010-83470410

印 装 者：北京嘉实印刷有限公司
经　　销：全国新华书店
开　　本：185mm×260mm　　印　张：10.5　　字　数：245千字
版　　次：2022年10月第1版　　印　次：2024年2月第3次印刷
定　　价：48.00元

产品编号：092824-01

编写委员会

主　编　王　琪　耿红莉
副主编　程　冲　李艳芬
参　编　王　琪（北京农业职业学院）
　　　　　耿红莉（北京农业职业学院）
　　　　　程　冲（山西财政税务专科高等学校）
　　　　　李艳芬（广东涉外职业技术学院）
　　　　　岳　辉（天津商务职业技术学院）
　　　　　胡军珠（北京农业职业学院）
　　　　　何艳琳（北京农业职业学院）

前言 FOREWORD

会展业是通过举办各种形式的会议或展览活动,吸引大批与会人员、参展商、贸易商及一般公众前来进行经贸洽谈、文化交流、信息交流或旅游观光的一种综合性现代服务业。近年来,我国会展业呈现迅猛发展的势头,资料显示,截至2019年被业界定义为中国本土会展资本元年。2019年,我国会展业直接经济产值突破7000亿元,经贸类展览项目达到3547个,展览总面积约1.3亿平方米。预计2022年国内会展业直接经济产值将突破10 000亿元。与此同时,会展业对会展营销人才的需求不断加大,如会展市场调查、招商招展、公关宣传等工作岗位更是亟须引入一线服务管理人才。因此,编写一本适应当前会展业发展需求,能够体现会展营销岗位能力且又方便实用的教材显得日益紧迫。

"会展营销"是会展专业的核心课程之一。按照2019年国务院印发的《国家职业教育改革实施方案》提出的新要求,围绕"互联网+职业教育"和产教融合的教学改革方向,以努力培养德智体美劳全面发展的高素质劳动者和技术技能人才,落实立德树人根本任务为目标,高职院校教学一线教师、会展行业具有丰富实践经验的专业人士共同编写了本书。本书的编写思路如下:根据校企合作的实际,将会展营销主要岗位能力分解成模块,每个模块以案例导入,提炼出岗位能力要求所必需的基本理论和主要技能,最后通过实战演练的形式进行综合考核。本书体现了行业发展新态势,语言简练,可读性强,并配以适当的数字化教学资源,既丰富了本书内容,又激发了学习者学习兴趣。希望本书的出版能够满足我国高职高专会展专业教学的需要,也能为会展行业从业者提升自身业务水平提供参考。

本书整体编写框架由王琪和耿红莉共同商定。全书内容分为八个模块,具体编写分工如下:模块一、模块二由王琪编写,模块三由程冲、何艳琳编写,模块四由李艳芬、王琪编写,模块五由岳辉、王琪编写,模块六由胡军珠、王琪编写,模块七由岳辉、耿红莉编写,模块八由耿红莉编写,最后由王琪、耿红莉负责全书的统稿和修订。

在本书编写过程中,参考了一些同行业专家学者的文献和网络资源,得到了北京联合大学孔昭林教授、讯狐国际科技(北京)有限公司总经理吴峰、山西省财政税务专科学校毕雄飞教授等行业资深人士的大力支持,校企合作单位讯狐国际科技(北京)有限公司为本书提供了部分数字资源,在此一并表示感谢!

由于编者水平有限,书中难免有不足之处,敬请读者批评、指正!

编　者

2022 年 6 月

教学课件

目录

模块一　会展营销认知 ………………………………………………………… 1

 任务一　会展营销概述 …………………………………………………… 2
  一、会展营销的基本认识 ……………………………………………… 2
  二、会展营销的研究内容 ……………………………………………… 4
  三、会展营销观念的比较 ……………………………………………… 5
 任务二　会展营销发展现状 ……………………………………………… 11
  一、会议营销发展现状 ………………………………………………… 11
  二、展览营销基本认识与发展现状 …………………………………… 13
  三、节事活动营销基本特点和发展现状 ……………………………… 14

模块二　会展营销环境与市场调查 …………………………………………… 18

 任务一　会展营销环境与消费者行为 …………………………………… 21
  一、会展营销宏观环境 ………………………………………………… 21
  二、会展营销微观环境 ………………………………………………… 23
  三、会展消费者行为 …………………………………………………… 24
  四、会展组织市场 ……………………………………………………… 27
 任务二　会展市场调查 …………………………………………………… 35
  一、会展市场调查的意义 ……………………………………………… 35
  二、会展市场调查问卷设计 …………………………………………… 38
  三、会展问卷汇总及分析 ……………………………………………… 41

模块三　会展营销战略及 STP ………………………………………………… 46

 任务一　会展营销战略概述 ……………………………………………… 47
  一、会展企业营销战略制定的意义 …………………………………… 47
  二、会展企业营销战略类型及影响因素 ……………………………… 48
  三、会展营销战略计划的制订与执行 ………………………………… 53
 任务二　会展 STP 营销战略 ……………………………………………… 57
  一、会展市场细分 ……………………………………………………… 57
  二、会展目标市场 ……………………………………………………… 59
  三、会展市场定位 ……………………………………………………… 60

模块四　会展产品及品牌 ··· 67

任务一　会展产品 ··· 68
一、会展产品的概念 ·· 68
二、会展产品的价值 ·· 70
三、会展产品生命周期 ··· 71

任务二　会展服务 ··· 75
一、会展服务内涵 ··· 75
二、会展差异化服务 ·· 79

任务三　会展品牌 ··· 83
一、会展品牌的概念、分类和认证 ·· 83
二、"互联网+"下的会展品牌 ··· 87

模块五　会展产品定价 ·· 91

任务一　会展产品定价概述 ·· 92
一、会展产品的定价目标 ·· 92
二、会展产品的定价方法 ·· 93
三、产品组合定价 ··· 94
四、常用定价策略 ··· 95

任务二　会展产品调价 ··· 99
一、会展产品调价考虑的因素 ·· 99
二、同类企业产品价格调整策略 ··· 101

模块六　会展营销渠道 ··· 104

任务一　会展营销渠道概述 ·· 105
一、会展营销渠道的内涵、类型及特征 ·· 105
二、会展营销渠道传播与策略 ·· 107
三、会展渠道冲突管理 ··· 109

任务二　会展物流 ··· 111
一、会展物流的概念、主体及特点 ·· 111
二、会展物流的运作流程 ·· 112
三、会展物流作业 ··· 114

模块七　会展促销 ··· 124

任务一　会展广告 ··· 125
一、会展广告的常用类型 ·· 125
二、会展广告的投放策略 ·· 126
三、会展广告媒体 ··· 127
四、会展企业的广告投放时间选择 ·· 129

  任务二 会展销售促进 ·· 130
    一、会展销售促进的内涵 ··· 130
    二、会展销售促进的类型 ··· 131
  任务三 会展公共关系 ·· 133
    一、公共关系的概念、原则及其分类 ··································· 133
    二、会展活动公共关系的功能 ··· 135
    三、会展公共关系的内容 ··· 136
    四、会展公共关系活动的模式与策略 ··································· 136

模块八 会展营销创新 ··· 143

  任务一 认识会展营销创新 ·· 144
    一、互联网时代下会展营销面临的变革 ································· 144
    二、会展营销创新的含义 ··· 144
  任务二 会展营销创新对策 ·· 146
    一、会展营销理念创新 ··· 146
    二、会展营销内容创新 ··· 147
    三、会展营销手段创新 ··· 151

参考文献 ··· 155

模块一

会展营销认知

学习目标

知识目标：
- 了解会展及会展营销的含义；
- 掌握会展营销的特点；
- 掌握会展营销的研究内容；
- 了解会展营销观念的发展和创新；
- 掌握会议、展览、节事营销的研究范围；
- 了解会议、展览、节事营销的发展现状。

能力目标：
- 能够理解会展传统营销观念及会展现代营销观念；
- 能够区分会议、展览、节事营销的基本内容。

学习重点：
- 会展营销的含义及研究内容；
- 会展营销发展的几种观念。

学习难点：
- 会议、展览、节事营销的研究范围。

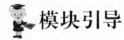 模块引导

中国国际进口博览会举办多场展会推介会

2018年1月22日，中国国际进口博览局在法国巴黎举办中国国际进口博览会推介会。中国驻法使馆关键公使、经商处高元元公参、教育处杨进公参、法国国民议会法中友好小组主席陈文雄、中国商务部欧洲司副司长翟谦、中国国际进口博览局招展处负责人高志强以及200余名法国企业界代表参加此次推介会。推介会取得热烈反响，多家法国企业明确参展意愿。

2018中国国际进口博览会推介会于2月27日在韩国首尔举行。此次推介会由中国商务部和韩国产业通商资源部主办，中国国际进口博览局、韩国贸易协会、中国驻韩国大使馆

承办。来自中韩经贸领域的各界人士参加了当天的推介会。

2018年3月1日,2018中国国际进口博览会推介会在日本东京举行。此次推介会由中国商务部和中国国际进口博览局主办,日本贸易振兴机构(JETRO)承办。来自日本的经济界、企业界人士200余人参加了此次推介会。

2018年3月15日,菲律宾贸工部和中国驻菲大使馆在马尼拉联合举办中国国际进口博览会推介会,希望借助博览会这一平台推动两国经贸合作。菲律宾贸工部长洛佩兹在推介会上说,举办博览会表明中国正积极向世界开放市场,也证明中国对自由贸易的坚定支持。目前已有100多家菲律宾企业报名参加博览会,中国已成为菲律宾最大贸易伙伴,博览会将给菲律宾企业进入中国市场提供更多机遇,也是促进两国友谊的重要一步。

2018年3月23日,由商务部美大司商务参赞夏娣娅带领的推介小组在美国洛杉矶举行中国国际进口博览会推介会。驻洛杉矶总领馆张平总领事、加州州长商务与经济发展办公室副主任鲍乐、洛杉矶地区商会会长托本、洛杉矶地区出口委员会主席派克、加州国际贸易发展中心主任威廉姆森等出席并致辞。驻洛杉矶总领馆商务参赞刘海彦主持。当地工商界人士百余人参加了推介会。

2018年1月29日,首届中国国际进口博览会纳米比亚推介会暨参展商意向签约仪式在温得和克希尔顿酒店成功举办。驻纳米比亚大使张益明、纳米比亚贸工部常秘希尼波、使馆刘华博经商参赞等使馆人员、纳米比亚贸工部、纳米比亚农林水利部、有关工商协会、当地企业、媒体及中资企业等代表40余人参加。签约仪式上,当地组展商及确认参展的10多家企业签署了参展意向书,参展企业代表和来宾还观看了博览会推介视频片,经商处为来宾就展品范围、展位价格、展会服务、检验检疫以及优惠措施等答疑解惑,同时也深入了解纳米比亚企业多方需求。

(资料来源:网络资料整理)

思考:
(1) 2018年中国国际进口博览会展前举办推介会的目的是什么?
(2) 推介会为满足各国参展企业需求提供了哪些信息和服务?

任务一 会展营销概述

一、会展营销的基本认识

(一) 会展的含义

关于会展的含义,人们对其解释和理解是多角度的,对"会展"的界定也有一定的差异,对会展的理解也比较广泛。广义的会展MICE,指的是M:meeting(公司业务会议);I:incentive(奖励旅游);C:convention(协会或社团组织会议);E:exhibition and event(展览和节事活动)。狭义的会展含义,指的是convention(会议)和exposition(展会)。还有人认为,随着现代会展业的多元化发展,在"会议""展览"这两个基本形态下,应该把"节事""比赛""演艺"等也作为会展的范畴,因此将会展的含义归纳为五种形态:会议、展览、节事、比赛、演艺。如一带一路高峰论坛、中国国际进口博览会、全国糖酒会、世界园艺博览会、奥运会、世界杯足球赛、文化旅游节、路演活动等。

(二) 市场营销和会展营销的含义

1. 市场营销的含义

市场营销是指企业在变化的市场环境中,旨在满足客户需求、实现企业预期目标的商务活动过程包括市场调研、产品开发、选择目标市场、产品定价、渠道设计、产品促销、提供服务等一系列与市场有关的业务经营活动。市场营销是一种"以消费者需求为中心,以市场为出发点"的经营指导思想。

2. 会展营销的含义

会展营销是指在会展市场中,通过组织开展营销活动,满足会展客户需求,从而实现会展企业预期目标的活动过程。会展营销以企业的商业经营行为为前提,其研究对象是商业性会展活动,主要包括商业展览的参展商和观众、商业会议的与会者以及商业节事活动的消费者。

需要特别说明的是,在会展的诸多形态下,例如,公司例会、政府会议等非商业性会议等不以营利为目的的会议,以及科普类展览、成就成果类展览、反腐倡廉类展览等以宣传、教育和文化传播为目的的展览,一般由政府部门或其他非营利机构组织,这些会展活动不以营利为目的,不需要商业意义上的营销。

(三) 会展营销的特点

1. 营销主体的复杂性

会展营销中的供求主体不像其他一般市场那样简单,涉及政府、企业、行业协会、中介机构等。不同主题、规模的会展活动供给主体也截然不同。例如,中国国际服务贸易交易会,其主办方是中华人民共和国商务部、北京市人民政府,支持单位有世界贸易组织,国际合作机构有世界知识产权组织、国际贸易中心、世界贸易网点联盟、世界贸易中心协会四个协会或中介机构。

会展营销的需求主体包括两个或两个以上,即参展商、与会者和观众、节庆活动消费者等。特别是在展览活动中,会展主办方进行营销的对象既包括参展商又包括观众,要同时满足参展商和观众的不同需求。

2. 营销产品的特殊性

会展产品形式多样,范围很广,可以是有形的商品,也可以是无形的服务;可以是私人品,也可以是公共品。同时,会展营销作为"服务产品",区别于其他"实物产品",只有在会展活动进行期间,在特定的活动现场才可以被购买并完成消费,不具有储存性。展会主办方为了能给参展商和专业观众提供洽谈的机会和平台,推出诸如设立洽谈区域、组织配对洽谈、举办拍卖会、网上商务与场馆结合、进驻银行、设立律师事务所、邀请中介资质认证和知识产权管理部门等现场服务。特别是展会现场的细节服务,在参展商和观众心目中,每一个细节都潜移默化地影响到他们的感受及对展会效果的评价。例如,在广交会现场,数千家参展商可以享受到主办方一日数次的热茶供应服务,一杯热茶体现了主办方的贴心关怀。

3. 营销手段的多样性

在会展营销中,会展活动的组织者吸收和借鉴整合营销的理论,多种手段联合使用,线上线下全方位多角度开展营销活动,在媒体的选择上也波及面广,传统媒体(广播、电视、报纸、杂志)和时下流行的新媒体(移动终端、互联网)都是会展营销的阵地。同时,大众媒体、专业媒体(行业杂志、会展杂志、行业网站等)以及会展活动场馆内外的宣传标识等反映出会展营销手段的多样性。为达到满足主体需求的目的,主办方通过形式多样的手段对会展活动进行密集性的有效的宣传与推广。

 小阅读 1-1　事件营销、活动营销和会展营销的异同

事件营销是指企业通过策划、组织和利用具有新闻价值的人物或事件,吸引消费者、媒体、公众的注意的营销方式,也可以叫作"注意力营销""眼球营销""造势营销",甚至是"炒作营销"。

活动营销是"创造参与"的营销方式,这一点和事件营销的"创造关注"是完全不同的。活动营销的本质是"体验营销",强调的是"创造体验"。

会展营销一方面是把会或展当作手段的营销,如会议营销、参展营销等;另一方面是把会或展当成产品营销出去。在会展营销教学中,多指后面的理解,即把会或展营销出去。

举个简单的例子来说明三者的区别:茅台酒参加1915年巴拿马世界博览会,这是一个会展营销。这个参展营销活动也是一个活动营销;在博览会开幕后,有人不慎把摆在地上的一瓶茅台酒踢翻,结果瓶破酒流,香气四溢,轰动博览会。如果这个"不慎"是策划的,那么它无疑是个事件营销。

(资料来源:根据刘春章《事件营销、活动营销和会展营销,能一样吗》整理编写)

二、会展营销的研究内容

会展的组展商要以参展商和观众的需求为中心开展营销活动,其目的是实现会展活动的价值,有效促进会展产品和服务的供需结合。因此,会展营销研究的主要内容有如下几个方面。

(一)会展营销环境

会展市场竞争日益激烈,要想掌握市场中目标客户的心理需求和购买行为,就必须掌握对会展营销宏微观环境分析的科学方法,通过深入的调研和科学的分析,从而识别、评估和发现市场机会,从根本上保证营销过程有的放矢,在激烈的竞争中获得一席之位。例如,2020年国际展会在疫情影响下几乎停摆,在复杂的市场环境下,一些会展企业积极拓展传统会展的边界,运用数字化技术和营销手段精准切合外贸企业需求,从思维模式到经营方式实现了质的转变,走上了转型之路。

(二)会展目标市场

目标市场是企业营销活动所要满足的市场,是企业为实现预期目标而要进入的市场。会展目标市场就是会展企业营销活动所要满足的市场,是会展企业为实现预期目标而要进入的会场。会展企业的一切活动都是围绕目标市场进行的。

会展组织者根据目标客户对会展产品和服务的不同需求,将会展市场细分为若干子市场,并加以识别及分析,帮助会展企业更好地了解市场情况并作出决策。目标市场的选择,要有利于企业长期发展,与企业战略相吻合,才能发挥企业的竞争优势。

（三）会展营销策略

会展项目作为一种产品，与一般产品的营销活动相仿，也可以采用营销策略组合进行营销。根据所选择的目标市场，会展组织者需要有计划地运用各种可控的会展营销手段，组合成一个优化的整体策略，以达到会展营销目标并取得最佳的经济效益。会展营销策略主要包括会展产品策略、会展定价策略、会展渠道策略和会展促销策略。随着营销活动的不断发展，营销策略所涉及的内容进一步扩大，增加了会展人员策略、会展流程策略、会展项目策略、会展绩效策略等。

（四）会展营销管理

所谓会展营销管理，是指会展组织者为提高销售效率而对营销工作采取的计划、组织、协调以及控制的过程。会展营销管理的主体不是营销人员，而是会展组展企业。会展营销管理的内容不是指展览项目的产品设计、定价方法以及推广策略等具体问题，而是整个组展企业关于营销工作的计划、组织、协调以及控制，以创造、建立和维护目标客户关系，实现企业会展营销目标。

会展营销管理不同于会展企业的其他内部管理活动（如项目管理、财务管理、人事管理等），具体表现在：①会展营销管理的对象是处于会展企业外部的不特定对象；②营销管理的中心是交易过程；③由于会展营销管理与外在环境密切相关，任何调整不仅涉及会展企业内部的行动，还要求诸多外在环境的配合。

（五）会展营销创新

营销创新就是根据营销环境的改变，或者根据预见的将会发生的变化，结合企业自身的资源条件和经营特色，寻求营销要素某一面或某一系列的变革或突破，且这些变革和突破是竞争者从未使用过的或在特定市场是崭新的。能否最终实现营销目标，是衡量会展营销创新成功与否的标准。

随着我国会展市场的发展与完善，会展营销借鉴市场营销的前沿理论，结合会展产业的特点，一些创新性的会展营销模式或理念不断涌现，如会展客户关系管理、会展网络营销、会展整合营销等。在会展营销新理念的背景下，需要把握会展营销的新方向、新技术，有效实现目标客户的价值。

三、会展营销观念的比较

（一）传统会展营销观念

1. 会展生产观念

会展生产观念产生于会展业刚刚起步阶段。在这一阶段，会展企业生产的产品或提供的服务差异性较小，会展企业能生产什么产品就销售什么，会展企业能提供什么样的服务就提供什么，是明显的卖方市场，处于供不应求的状态。会展企业还处于规模小、不专业的阶段，只需考虑怎样降低成本增加产量，以获得利润。

2. 会展产品观念

会展生产观念是会展经济水平发展初期的营销观念。随着会展市场的快速发展,会展企业开始重视产品和服务的质量,会展产品观念应运而生。会展企业需要满足消费者对产品品质、功能和特色的需求,不断改进产品品质和服务。这一阶段,会展企业过多地将注意力放在产品上,而忽视了市场需求的变化。

3. 会展推销观念

在由供不应求的"卖方市场"向供过于求的"买方市场"过渡的过程中,产生了会展推销观念。消费者有了更多的选择权,会展企业面临来自市场的压力,竞争开始变得激烈。会展推销观念开始关注会展产品的销售环节,通过市场宣传、信息传播来促进商品的销售,强调的是推销术和广告术,但核心仍然是"企业生产什么就卖什么"。

(二)现代会展营销观念

1. 会展市场营销观念

会展市场营销的观念是一种不同于前三种会展营销观念的现代营销观念。会展企业所关注的不再是自身产品和服务,而将目光转移到消费者身上,认为消费者需要什么企业就生产什么,这是一种以消费者为中心的营销观念,会展企业十分重视会展市场调研,通过一系列的组合营销策略和手段来进行营销宣传,不断满足市场中消费者的需求。

2. 会展社会营销观念

会展社会营销观念主要考虑消费者及会展的长远利益,该观念是在社会资源和能源不足、环境污染严重等社会矛盾凸显的情况下产生的。强调会展企业的运营活动不仅要以消费者的需求为中心,兼顾企业自身利益,而且要符合社会利益和生态利益。社会营销观念是对市场营销观念的补充和完善,要求会展企业在制定营销战略时,必须统筹兼顾企业、消费者以及社会三方的当前利益和长远利益,并努力谋求三者利益总和的最大化。

3. 会展全面营销观念

会展全面营销观念认为,会展营销应贯穿于会展企业运营和会展项目的方方面面。强调的是发展、设计和执行营销计划、过程及活动,运用相关资源和力量来指导消费者的购买行为和需求的实现,而不单单满足其需求。会展全面营销涉及企业的整合营销、关系营销、社会责任营销等方面。

传统会展营销观念与现代会展营销观念的比较如表 1-1 所示。

表 1-1 传统会展营销观念与现代会展营销观念的比较

营销观念类型		核心	营销策略	目标
传统会展营销观念	会展生产观念	已生产的会展产品和服务	提高生产效率,加强市场供给	通过提高生产,降低成本,实现会展企业利润
	会展产品观念	已生产的会展产品和服务	提高产品和服务质量	通过提高产品和服务质量,实现企业利润
	会展推销观念	已生产的会展产品和服务	推广促销技巧	通过促销手段,实现企业利润

续表

营销观念类型		核　　心	营销策略	目　　标
现代会展营销观念	会展市场营销观念	会展市场中消费者的需求	会展产品、价格、渠道、促销等营销策略	通过满足消费者需求，实现会展企业利润
	会展社会营销观念	均衡会展企业、消费者和社会利益	多层次综合会展营销活动	通过满足会展企业、消费者、社会利益总和的最大化，实现企业长期利润
	会展全面营销观念	会展营销全过程	整合营销、公关营销、社会责任营销等	通过整合营销等，指导和创造会展消费者需求，实现企业利润

（三）新型会展营销观念

1. 会展关系营销

会展关系营销是将会展企业置身于社会经济大环境中来考察企业的营销活动，建立并发展其与消费者、竞争者、供应者、分销商、政府机构和社会公众的良好关系。会展关系营销强调关系也是一种资产，目的是消除会展企业和相关组织及个人之间为了各自目标和利益而产生的对立关系，促进多方共同利益和目标的互相合作和双赢。

2. 会展网络营销

会展网络营销产生于互联网技术快速发展的时代，利用互联网进行会展项目的市场推广及品牌建设，已在会展营销活动中得到广泛应用。会展企业利用互联网传播范围广、信息容量大、实效性强、信息交互性强以及成本低廉等优势，通过建立会展网络营销网站，与客户建立良好的网络沟通系统，投放广告，设计交互并推广等方式达到会展营销的目标。

3. 会展体验营销

会展企业不仅要给消费者提供商品和服务，还要提供各种体验活动，以给消费者留下深刻印象，增加互动性并体现个性化体验。会展体验营销是以创造、引导并满足观众的体验需求为目标，以服务产品为舞台，以有形产品为载体，通过整合顾客的感官体验、情感体验、思考体验、行动体验、关联体验等多种体验方式，营造顾客忠诚。

4. 会展绿色营销

会展绿色营销是指在会展活动中以绿色环保和回归自然为主要特征的一种营销观念。会展绿色营销重视对绿色会展产品的推广、环保材料的使用以及资源的回收和再利用。同时还包括企业管理理念、营销理念与绿色生态理念的恰当融合。会展企业重视绿色营销，无疑是企业长远发展、与国际接轨的有效途径。

5. 会展文化营销

会展文化营销是指会展企业利用消费者对文化的需求和欲望，挖掘会展企业及产品的文化底蕴，对顾客进行文化上的营销刺激，以实现会展营销目标的一种营销理念或方式。会展文化营销主要表现在三个方面：会展产品文化营销、会展品牌文化营销及会展企业文化营销。

小阅读 1-2　现代网络营销手段在会展营销中的应用

一、新闻启动事件营销方式

随着网络化的进一步提高,不少企业开始使用新闻启动事件的营销方式,来提升自身的关注度。例如,"杜甫很忙事件"——"元芳"——"江南style"等。另外,还有苏宁易购"上网上街上苏宁"、罗森"爱心电费零食"等都属于网络话题的借势营销。这样可以在一段时间内提高关注度。例如,蒙牛官方微博就是使用切糕来营销,"给我一个支点,我可以翘起整块切糕",本来其是想借助这个力增强营销方式的,最后差点成为危机公关。会展产业也应该聚焦产业,构建会展活动。结合自身的项目资源,借助热点事件,寻求一个不一样的亮点。另外,还需要降低成本,缩小会展开支,以消费者为本,正视品牌力量。

二、使用活动构建体验营销

此种方式可能是使用历史事件,也可能是使用热点事件,探究对应的新闻效应。会展营销也可以使用此种方式,按照目标设计各种类型的相关活动。第一,需要明确活动的细节;第二,需要明确过程,如何在恰当的时间点上,做出该做的事情,提高受众者的关注度;第三,需要对活动进行一个长期的构思,塑造良好的品牌形象,提高品牌价值,发动口碑营销。

三、使用社会口碑营销的方式

会展项目长期品牌化发展需要在项目的基础上衡量会展项目的价值,提升受众者的认可程度,例如广交会、西博会等,都是使用口碑营销方式。一些参展商、专业买家都是通过现场的服务标准、数量与质量等内容进行有效的结合,最后得出一个定论。因此,会展项目在实施的时候,需要提供使大多数参展商和专业买家都满意的产品或者服务。

四、使用电商完成网络营销方式

从目前的形势上看,电子商务的类型较多,例如B2B、B2C、C2C等。会展项目营销的过程中,也可以使用O2O的传播方式,在展会官方网站上发布咨询,大家就可以通过真实用户的体验提高认可程度。但是咨询千篇一律,需要突出特色,制造亮点。同时也可以使用二次传播的方式提高说服力,线上线下联动,树立品牌形象。

(资料来源:根据张锴《现代营销(经营版)2019年第12期,现代营销手段在会展营销中的应用研究》删减)

实战演练

主题:认知会展营销。

目标:增强感性认识,实地体验会展营销。

步骤:

(1) 将全班分成若干小组,3~5人一组,以小组为单位开展活动,实地参观一次大型展会。

(2) 调研并了解该展会所提供的产品和服务有哪些,在营销过程中采取的手段有哪些,会展营销的创新体现在哪些方面。

(3) 以小组为单位提交书面调查报告。

(4) 汇报并考核。

调查报告样本示例

第七届北京农业嘉年华

一、会展项目基本情况

北京农业嘉年华紧扣"创新、协调、绿色、开放、共享"发展理念,不断探索和拓展都市现代农业的实现形式、发展方式、运行模式,融合古今中外、城乡、生产、生活、生态、"一二三产"等多种功能、产业和要素。这种融合在深度上体现了功能和产业的融合,在广度上体现了区域和领域的融合。正是这种融合的多样性满足了市场的个性化需求,体现了都市型现代农业的发展方向和本质特征,成为北京都市现代农业展示的窗口、产业融合的平台以及城乡互动的缩影。

二、组织结构

主办单位:北京市昌平区人民政府

承办单位:北京市昌平区北京农业嘉年华组委会、北京农业嘉年华投资发展有限公司

支持单位:中华人民共和国农业农村部、北京市农村工作委员会、北京市委宣传部、北京市科学技术委员会、北京市教育委员会、北京市旅游发展委员会、北京市财政局、北京市文化局、北京市农业农村局、天津市农业农村委、河北省农业厅等

三、活动模式

北京农业嘉年华活动按照"三馆、三园、一谷、一线"八大板块设置。

三馆:国际交流馆(A馆)、农创风情馆(B馆)、农创科技馆(C馆)。

三园:农事体验乐园(D区)、主题狂欢乐园、草莓采摘示范园。

一谷:延寿生态观光谷。

一线:全域旅游线。

四、主题口号

自然 融合 参与 共享 乡村振兴 美好生活

五、主题活动

第七届北京农业嘉年华的配套主题活动由开幕式、展览、演艺、比赛等多种形式组成,如表1-2所示。

表1-2 第七届北京农业嘉年华主题活动一览表

活动名称	活动时间(2019年)	活动地点
第七届北京农业嘉年华开幕式	3月16日	草莓博览园C馆
"一带一路"北京特色国际农产品展销活动	3月16日—5月12日	草莓博览园A馆
农创风情展示活动	3月16日—5月12日	草莓博览园B馆
农创科技展示活动	3月16日—5月12日	草莓博览园C馆
农事体验活动	3月16日—5月12日	草莓博览园农事体验乐园
"乡村文化"文艺展演(29场)	3月16日—5月12日	草莓博览园主题狂欢乐园

续表

活动名称	活动时间（2019年）	活动地点
金长城杯小魔星魔术比赛暨全国擂台赛	3月30日、4月20日、5月4日、5月5日	草莓博览园C馆
国际马术嘉年华活动	4月27日、4月28日	草莓博览园主题狂欢乐园
"唱响主旋律、弘扬正能量"歌曲快闪活动	5月4日	草莓博览园主题狂欢乐园
"童趣嘉年华"儿童画比赛	3月16日—5月12日	草莓博览园

六、营销手段

具体的营销手段可分为线上营销和线下营销两种形式，如表1-3所示。

表1-3 第七届北京农业嘉年华营销手段一览表

序号	线 上 营 销	线 下 营 销
1	官方网站发布招展招商信息	召开新闻发布会
2	微信公众号营销、视频号	与旅游路线、九华山庄酒店、温泉等打包营销
3	腾讯、爱奇艺等视频网站营销	线下赠送门票

七、营销创新

（1）会展网络营销：邀请知名音乐人、网络红人开展"明星追着来采摘""网络红人大搜索"等精彩互动节目。通过抖音、快手等短视频网站拉动流量。

（2）体验营销：互动体验项目是北京农业嘉年华人气最旺的产品，该项目将农业生产生活中有特色、有趣味、可体验的环节提炼出来，并设计了相应的场景，让游客在场景中参与互动。例如，第三届"金玉粮缘"展馆通过玉米景观与玉米脱粒、磨面、打年糕等体验活动，展示了玉米种植、加工及食用方式。据统计，周末两天玉米脱粒消耗玉米750kg，磨面100kg。第三届的"桑蚕织梦"、第四届的"棉麻记忆"展馆中设计了喂蚕互动体验区、纺织染缝互动体验区，体验区内设置了喂养蚕宝宝、抽丝剥茧、蚕丝织布等体验活动，这些活动深受儿童的喜爱。近三届北京农业嘉年华专设了以太空农业为主题的展馆，展馆引入最新的VR、AR技术，为游客提供各类太空农业的体验项目。据统计，仅第五届就有60万人次参与了太空农业的体验项目。第五届、第六届还专设了面向儿童的"自然学院""自然探秘"展馆，针对不同年龄段的儿童分设不同的展区，让其亲近自然、融入自然，将展馆变成儿童的趣味大课堂。

（3）文化营销：北京农业嘉年华充分利用农业衍生的科普实践、文化传承等功能，选取与游客日常生活联系紧密的内容，通过景观叙事进行展示与表达，在观赏的过程中将科普文化传递给游客。例如，第五届的"丝路花语"展馆为展示"一带一路"地域文化，将具有地域特色的花卉与景观相融合，让游客在欣赏花卉的同时感受地域文化。第六届的"百卉含福"展馆以花卉为主题，传递了《千里江山图》《百福图》以及四季花月令、诗词歌赋等花文化，受到游客的广泛赞誉。第五届的"本草华堂"展馆以中草药为主题，展馆内设计了李时珍与夫人用中药名联写的"草药情书"，既普及了中药材知识，又传递了相思、惦念之情,引起很多游客驻足欣赏。另外,第三届"蜜境先蜂"展馆的蜂蜜知识、第四届"盛世牡丹"展馆的牡丹文化、第五届"豆彩工坊"展馆的豆类知识、第六届"竹韵清风"展馆的竹子文化也都给游客留下了深刻印象。

任务二　会展营销发展现状

随着会展业的发展,会展营销也逐步发展起来。随着会展企业的不断壮大和实力逐步增强,会展营销的竞争也日趋激烈,会展营销理论不断推陈出新,广泛地应用于会展实践中,在手段上也不断创新,充分满足了会展领域的需求。

一、会议营销发展现状

(一)会议营销的基本认识

可以从两个方面来认识会议营销:一是从会议举办地的角度来看,就是将本地理想的办会环境和条件传达给外界,以吸引广大会议主办单位和会议组织者,从而为该地区赢得更多的会议;二是从会议主办单位的角度来看,就是将会议这一产品和相关服务营销给目标客户,满足客户可以通过会议获得信息、实现交流或宣传推广等需求。本书所指会议营销即从第二个角度来看的会议营销,具体是指会议主办方精心设计会议议程,为与会者提供配套的会议服务,聘请演讲嘉宾为潜在的与会者进行演讲培训,向与会者传递预定的信息和知识,以激发与会者对主办方产品的购买欲望,提升会议主办方企业在目标市场客户心中的形象和地位。

会议是会展业的重要组成部分,按照主办单位的不同,可以分为公司类会议、协会类会议、政府和非政府类会议三种,其中,协会类会议和公司类会议是会议市场的主力军,是各类会议公司重点吸引和争夺的目标市场,竞争也最为激烈。会议产品的买家是与会者,因此他们是会议营销最重要的对象,除此之外,会议营销的对象还包括政府、公众、媒体、赞助商等。

(二)会议营销发展现状

随着经济社会的不断发展,目前会议营销发展进一步市场化、科学化。围绕会议所要达到的目标,对会议的目标市场进行详细的调研和科学的细分,在此基础上进行会议策划、制定会议营销策略,开展会议宣传工作,树立会议企业形象,建设会议品牌。

(1) 会议本身作为一种产品,会议的主题是这个产品的核心卖点。一个好主题的会议就可以吸引众多的消费者前来参会与消费。例如,在瑞士达沃斯举办的世界经济论坛(WEF)每一年都有不同的主题,2016年、2017年和2018年的主题分别为"决胜第四次工业革命""有回应和负责任的领导力"和"在分化的世界中创造共同未来",这些主题一般会成为媒体讨论的焦点,也具有一定的时代特色。其中,2018年的世界经济论坛吸引了来自110个国家、超过2500名参与者,获得了良好的声誉及不菲的收益。

(2) 围绕会议营销策略,在制定合理的会议价格的基础上,通过直接销售、会议行业协会、会议目的地营销组织、代理机构等拓展营销渠道，开展广告宣传、公关宣传、人员推销、网络推广等实现会议营销目的。例如，2017年第四届世界互联网大会·乌镇峰会，由浙江省人民政府新闻办公室出品的独具中国韵味的水墨动画宣传片，登录美国CNN黄金时段，在全球播出，白墙黛瓦，小桥流水，桨声灯影，长街深巷，短短60秒，使乌镇特色文化在水墨画卷中得到了充分展现。

目前，会议营销的创新主要体现在以下几个方面。

（1）会议主题创新。会议主题要以时下关注的热点问题、行业内共同关注的问题为主体，立意新颖、鲜明、富有感召力和冲击力。

（2）会议形式和内容创新。会议营销除了要满足与会者利益追求之外，还应关注其对新产品、新理念、新的经营管理知识等方面的需求，因此，会议内容要多元化，如设计典礼、发布会、专家培训、主题演讲、高峰论坛、颁奖仪式等多种会议形式和内容，让与会者充分体验会议的魅力和内涵。

（3）会议营销过程的创新。会议营销贯穿会前准备、会议邀约、会中沟通和会后回访。会议营销必须覆盖以上全过程，在不同的节点给与会者相应的刺激。此外，会议营销一定要有新奇点、亮点，超出与会者的想象，从反向、对立、破框思维等角度，颠覆竞争对手常规套路，在各个环节上努力促成会议达到最佳效果。

（4）产品展示模式创新。传统会议营销往往是把所有产品用展柜一字排开展示，最多做个模拟店展示，只展其形而未展其新、未展其实。创新产品展示模式就是要在产品展示上花大量时间和精力对消费者进行研究，对产品进行剖析，对产品做出新颖、独特的全方位体验展示，让客户在会场中获得最直接的体验。

（5）会议营销工具创新。在互联网技术迅速发展的今天，借助信息化技术、新媒体等手段，不仅能够将会议信息最快、最精准地传播给市场目标客户，还可以增强会议对参会客户的黏性，让会议产生强大的影响力，从而提升企业的品牌效应。

小阅读1-3　ISS 2019——会议创新亮点速览

2019年的中国介入神经病学大会&第15届国际脑血管病高峰论坛（CINC&ISS 2019），在会议创新上有以下几个亮点。

亮点一：会议微站

通过到会扫描二维码，会议日程、直播、会场指引、主要议题、酒店交通一目了然，为参会者提供最便捷的移动端服务，如图1-1所示，大会相关信息在官方公众号全部呈现。

亮点二：全网直播——神经介入在线

会议精彩纷呈，每一场讲座都不容错过，但总有冲突或无法出席的时刻，这个时候扫描二维码，视频直播/录播即刻享受，如图1-2所示，与会者可以品味身临其境的参会体验。

亮点三：照片直播

会议期间，优秀的摄影师拍下了一刻刻精彩的会议瞬间，在往届会议上，想要看到这些照片只能等待晚间的推送，但本次会议精选出会场图片，单击相关功能键即可保存照片/查看会场细节，还有中英文一键切换。

图 1-1 中国介入神经病学大会会议微站

图 1-2 大会直播及录播端口

二、展览营销基本认识与发展现状

（一）展览营销的基本认识

展览营销包括两方面：一是从展览主办方的角度出发，展览营销是指展会组织者（包括展会计划者和展览公司）寻找目标市场、研究目标客户需求、设计展会产品和服务、制定营销价格、选择营销渠道以及保持良好客户关系等一系列销售活动的总和。展览营销的实质是展会组织者通过一系列的过程和手段将展览产品和服务推向目标市场的一种社会管理过程。展会的最主要营销对象是参展商和观众，此外，还包括政府、赞助商、媒体等。二是从参展企业的角度来讲，展览营销是指参展企业通过有目的、有策略地参加专业展会来提升品牌形象，扩大品牌知名度和建立健全营销网络的一种市场营销模式。

（二）展览营销发展现状

从展览主办方角度出发，展览营销主要包括展览产品的设计、市场调研与可行性研究、制订营销计划、完成招展招商与展会赞助营销、制定展会价格、进行展会宣传与服务营销、完善与评估营销计划、宣传推广新的展会等主要内容。整个营销的过程呈现周期长、任务多、对象多、创造性、灵活性等特点，需要在营销过程中通过营销效果及时调整营销策略，最终完成营销目标。2018 年，我国举办首届中国国际进口博览会，该博览会由商务部、上海市政府共同主办，共有来自 151 个国家和地区的 3617 家企业参展。我国政府对不发达国家给予了必要的帮助，例如，对光地和标摊采取费用八折优惠，并为每个参会的不发达国家免费提供 2 个标准展位。此外，不满足于 6 天的展会，主办方搭建了会后 365 天的网络平台，"6＋365"使进口博览会功能正溢出。

从参展企业的角度出发,展览营销主要包括获取展会信息、选择合适展会、确定参展目标、拟定参展预算、参展筹备、展台搭建与管理、广告宣传与公关、客户关系建立和维护等内容。随着对外经济交往的逐步扩大,出国参展可以使中国企业走向世界,直接促进与国外的经贸往来。出国展览作为国际商贸活动的一种重要形式,具有以下好处:①扩大商务接触面,开阔视野,启发思路;②企业可以获取市场及竞争信息,了解行业发展趋势,调整自身适应市场需求;③宣传展示自己的产品、技术,在外树立公司形象;④货比三家,寻求最佳的供货厂商与合作对象;⑤直接面对客户,便于寻求客户和商贸机会,开拓国际市场;⑥可直接订货,免去寻求海外客户与市场的中间环节,花费少,时效高。

具体而言,展览营销首先要根据参展企业的发展规划及营销目标,对企业的优势资源或需求进行分析,再甄选合适的展会推广,并策划考虑资源如何发挥其最大效用;其次,制订的展会计划实施组织工作可调控,包括对未来变化与竞争的思考,必要的反馈与调整机制。最后,展会组织严格按照流程与职责分工开展,强调企业内部的协调、企业与外界的协调,注重展位及活动方案与品牌战略的一致性。

三、节事活动营销基本特点和发展现状

(一)节事活动营销的基本认识

与会议营销相似,节事活动营销也包含两层含义:一是节事本身就是一种很好的营销载体,与会议一样,具有很强的营销功能;二是节事活动本身需要营销推广,需要寻找到参加节事活动的目标客户,满足其相关需求,并在竞争中发展,形成节事品牌。本书所指节事营销是指第二个方面,即从节事活动策划者的角度出发,将节事活动作为一种产品来进行营销。

(二)节事活动营销的特点

1. 节事主题、口号的重要性

节事营销的核心要素包括主题及口号,两者也是节事活动树立品牌的基础因素。如北京奥运会口号——同一个世界,同一个梦想,凝聚了人们向往美好未来的共同夙愿,提升了奥运会的宣传效果。

2. 活动参与者的广泛性

节事活动最主要的目的就是调动广大受众的参与度,人们的参与程度越高就意味着节事活动举办得越成功。因此,在策划营销方案时,要从群众的需求出发,以满足群众的利益为主旨,用广大观众熟知的形式丰富节事活动。

3. 营销手法的创意性

创新是节事营销的助推器,猎奇一种独特的载体有利于提高节事活动的吸引力和参与度。例如,北京奥运会开幕式上,29个用焰火塑造的脚印和卷轴画都是令人称赞的创新之处。

4. 营销手段的组合性

节事营销要充分利用一切资源,如相关行业协会、知名企业、行业专业媒体、新媒体与传

统媒体、活动商的关系网、公共资源等,使节事营销效果更加显著。

(三)节事活动营销的发展现状

目前,我国节事活动已经步入相对成熟的阶段,节事活动营销具有广泛性、创意性和综合性。节事活动的主题越来越丰富,更加突出民俗文化、地域特色等元素。同时,节事活动通过创新推介形式、创新现场活动及设计创意时刻等举措吸引大众关注,打造节事品牌。

 小阅读 1-4　2018 年威尼斯狂欢节活动安排一览表

威尼斯狂欢节是当今世界上历史最久、规模最大的狂欢节之一。每逢狂欢节,风情水城的居民们都会带上华美的面具,穿上五颜六色的服饰走上街头,尽情地表达自己的喜悦。2018 年威尼斯狂欢节于 2018 年 1 月 27 日至 2 月 13 日在威尼斯展现它无尽的魅力,详细活动安排如表 1-4 所示。

表 1-4　2018 年威尼斯狂欢节活动安排一览表

日期	时间	名称	内容	地点
1月27日	18:00—18:30(首演) 20:00—20:30(复演)	水上节目 1(夜场)	狂欢节首日是水上狂欢节目,本次邀请了 Wavents 马戏团来威尼斯表演节目:VeCircOnda,这可是整个狂欢节的重头戏之一,精彩绝伦的马戏表演将在贡多拉船上上演,还将配合着灯光将观众带入意大利最著名的导演费里尼的电影场景	Canale di Cannaregio
1月28日	10:30—12:00	水上节目 2(日场)	日场的划船游行,人们身着狂欢节的服装划船游行,游行期间还有威尼斯传统的美食和葡萄酒提供。在岸边狂拍照的同时,千万别忘了品尝美食	Canale di Cannaregio
2月3日—2月13日,2月13日决赛	每天 12:30—13:30	面具展演比赛	所有参加面具游行的活动都是免费的,大家都身着盛装,带着精美的面具出行。面具游行会进行很多场,今年的投票也会更加开放,去参加的群众都可以投票	Piazza San Marco—Venezia,30124
2月3日	14:30—16:00	十二玛利亚	来看威尼斯狂欢节其中有一个重要环节名为 Festa di maria,这个环节将会在整个威尼斯城里选出 12 个最漂亮的当地姑娘,2 月 3 日下午 14:30,壮汉们会扛着玛利亚们从 via Garibaldi 出发,16:00 左右到达圣马可广场(Piazza San Marco),这次游行活动代表全城人民接受圣母玛利亚的祝福。最后还要选出 12 个玛利亚中的冠军	via Garibaldi—Piazza San Marco

续表

日 期	时 间	名 称	内 容	地 点
2月4日	12:00—13:00	狂欢节的天使降临	天使降临是狂欢节的一大传统。对于威尼斯人来说也是狂欢节中最激动人心的一幕。当天,会有一个特殊的人身着华丽服装,从圣保罗大教堂旁的塔顶飞入场内,仿佛真的如天使降临一般	Piazza San Marco
2月11日	12:00—13:00	老鹰飞行表演	除了能看到天使降临的场面,在威尼斯狂欢节里,也可以看到象征着勇气与力量的鹰的降临	Piazza San Marco
2月10日	15:00—17:00	花车游行	狂欢节也少不了装扮精美的特色花车,快来看一看威尼斯人做的大花车们都是怎样的造型吧	Piazza del Mercato
2月3日—4日,2月8日—13日	11:00—19:00	街头表演	这么欢庆的节日,会从威尼斯影响到附近的城镇,Mestre也少不了音乐和表演!还有什么能比音乐和舞蹈更能增添节日气氛呢?所以在威尼斯狂欢节期间,也会有众多技艺高超的艺术家们在街头表演	Piazza ferretto
2月13日	17:00—18:00	狂欢节的闭幕式	一场盛大的狂欢节的闭幕式,尽管让人意犹未尽,但是到了这时也不得不再说一句明年见。印有威尼斯图腾的大旗飘向空中,狂欢节虽已结束,但欢乐已然留在人们心中	Piazza San Marco

实战演练

广州家博会新媒体广告营销案例

广州家博会,全称中国(广州)国际家具博览会,每年3月在广州琶洲举办,素有"中国家居家具业晴雨表"的美誉。其新媒体广告策略涵盖了PC端互联网新媒体、手机等移动终端以及户外新媒体等多种形式。

1. PC端互联网新媒体广告

(1) 组建家博会官方网站。中国(广州)国际家具博览会的官方网站是由广州家博会组委会建立,旨在为广州家博会筹委会和展会受众搭建信息交流的桥梁。另外,通过官方网站,家博会为受众开通了在线客服咨询等更加细致的服务方式,以此加强展会的信息交流与反馈机制,提升客户对家博会品牌的忠诚度。

(2) 综合类网站宣传。广州家博会在开展前到展会结束,会选择中国展会网、广州展会网、广州展会信息等专业展会门户网站进行宣传。

(3) 视频网站宣传。选择腾讯、优酷、爱奇艺等视频网站向受众动态展示展会的具体内容。

（4）论坛、博客类平台宣传。广州家博会同时会选择诸如百度贴吧、知乎以及新浪微博等论坛博客类网站进行信息的输出和宣传，从不同渠道与广大受众进行互动与交流。

2. 手机等移动终端类广告

（1）手机微信公众号。广州家博会已建立官方微信公众号，实时推送家博会相关内容。参展商、服务商、观众等通过展会公众号就能获取展会最新资讯和其他相关信息，同时还能享受"免费索票""领取福利""在线咨询"等相关服务。

（2）资讯类App。广州家博会借今日头条等资讯新媒体平台进行展会前的预热和宣传，以及展中亮点新闻和信息数据的实时汇报，及时向公众展示展会的举办情况，提高展会关注度和品牌知名度。

（3）车载电视等。公交、地铁以及出租车等车载广告是广州家博会最常选的广告形式，主要是基于广州公共交通巨大的客流量和相对较为集中的人群特点（绝大部分为上班族），以达到更好的传播效果。

3. 户外新媒体广告

广州家博会的户外广告手段主要以户外LED屏新广告投放为主，如大型商场前、商务楼宇、小区电梯、地铁隧道等的LED液晶屏。广州家博会通常选择在展会开办前1~2个月开始投放户外广告，特别是临近展会时投放力度最大，以加深受众对会展品牌的印象，提高家博会广告的人群覆盖率。

思考与实践：

通过阅读案例，请上网查找与会议、展览、节事营销相关的小故事，了解会展营销活动，了解营销人员的工作。要求自主完成作业，搜集资料整理为PPT进行讲解。

模块小结

本模块通过介绍会展营销的含义及特点，让学生掌握本书会展营销的研究范围，同时了解会展营销观念的发展历史和现状；在此基础上分别认识会议营销、展览营销及节事营销的基本内容，了解会议营销、展览营销及节事营销的发展现状。

问题思考

1. 举例说明什么是会展营销？
2. 会展传统营销观念与现代营销观念有哪些差异？
3. 如何理解会议营销、展览营销及节事营销的内涵？

模块二

会展营销环境与市场调查

学习目标

知识目标：
- 掌握会展营销宏观环境和微观环境的构成要素；
- 掌握会展市场消费者心理运作过程及影响因素；
- 掌握会展组织市场的特点；
- 了解会展市场调研的重要性；
- 掌握设计问卷调查的基本要素；
- 掌握常用的问卷统计分析方法。

能力目标：
- 能够用 PESTEL 分析方法分析会展营销宏观环境；
- 能够用 SWOT 分析方法分析会展营销内外部环境；
- 能够设计调查问卷；
- 能够进行简单的数据定性分析及定量分析。

学习重点：
- 会展营销宏观和微观环境构成要素；
- 会展市场调查的内容。

学习难点：
- 会展市场消费者心理运作过程分析；
- 组织市场特点分析；
- 问卷分析的方法。

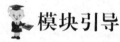 **模块引导**

乌镇戏剧节营销环境分析

一、乌镇戏剧节的总体概括

随着会展经济的飞速发展，越来越多的城市选择通过举办形式多样的展览、节事活动、会议、奖励旅游等来带动当地会展业的发展和城市品牌形象营销。乌镇,正逐渐通过会展而吸引全世界的目光。通过举办世界互联网大会、乌镇国际戏剧节、乌镇当代艺术邀请展,这一系列会展 IP 的成功打造,正让这个千年江南水乡古镇搭上时代快车,向全世界散发出新魅力。

  乌镇戏剧节于每年 10 月中下旬在浙江省桐乡乌镇举行,以千年古镇为辐射源点,开展各种主题鲜明的活动,共邀全球戏剧爱好者共襄盛举。戏剧节以"繁荣戏剧事业,培育戏剧创作人才,提升戏剧作品的艺术水准,拓展戏剧市场"为使命,以"艺术家办节"为宗旨,以加强国际的戏剧交流,从而实现国内戏剧文化的发展繁荣和江南古镇的文艺复兴为目标,坚持高水平、专业化、市场化运作的办节理念,为戏剧爱好者呈现精彩纷呈的节日庆典。

二、乌镇戏剧节的市场营销环境分析

(一) 乌镇戏剧节的宏观营销环境

1. 政治环境

  目前,中国的会展产业飞速发展,市场潜力巨大,但仍和发达国家存在较大差距,在会展结构、专业化程度、管理等方面存在多种弊病。因此,在 2012 年,商务部印发《关于"十二五"期间促进会展业发展的指导意见》,旨在推动中国会展产业科学健康发展,打造一批具有国际竞争实力的会展品牌。2015 年,国务院发布《关于进一步促进展览业改革发展的若干意见》,对会展业迈向市场化、专业化、国际化提出了具体要求,从而实现成为会展强国的宏伟目标。此外,作为国家战略高度的特色小镇规划建设,也希望借由大力发展会展、文化、旅游、地产等多种产业集群来统筹城乡协调发展。正是由于一系列的利好政策,吸引了多种资本投资,如旅游规划机构、房地产公司等,产生了早期的特色小镇的产业模式代表——会展小镇,诞生了成功的会展小镇代表,例如,举办"世界互联网大会""乌镇戏剧节"的乌镇,举办"亚洲博鳌论坛"的博鳌。

2. 经济环境

  当前全球经济发展疲软,国内经济增速缓慢,多种产业受到严重打击,而国内的会展产业却能逆势上扬,在此大环境下依然保持高速增长,对中国的国民经济做出了巨大贡献。在中国经济面临去产能、库存,重服务的转型期,作为能为国家产生综合效益、高经济贡献率的会展经济,将成为政府优化产业结构的方向。但由于中国的会展经济发展晚起步慢,目前仍处于初级阶段。

3. 文化环境

  中共十八大以来,习近平总书记提出"文化自信",既包括立足于中华传统文化的根基,也包括中华文化能与全世界的优秀文化保持深度互动,这要求文化产业能够采取多样形式让中国传统文化和世界文化有效融合。此外,《"十三五"规划纲要》中也强调文化建设的重要性,小康社会的全面建成离不开民众丰富的精神文化生活。因此,要正视中国传统文化的传承与保护,塑造优异的文化产品,做强做大文化品牌,向全球展示中华文化的魅力。正是在全面弘扬文化建设的号召下,为国内文化产业的崛起孕育了良好的氛围,诞生了一批优秀的精神文化产品,同时也对大众文化素养的培养起到了引导作用。目前,产生了多种文化产品百花齐放的市场格局,而会展产业作为展览、会议、节事活动等于一身的综合产业,更是吸引了大量的消费者参与。此外,随着全球文化的交流,热爱中西方戏剧文化的群体也逐年增多。

4. 技术环境

  随着互联网的高速发展,诞生了一批高新信息技术:人工智能、云计算、大数据、物联网、移动互联网等,会展行业进入了智慧经济时代,会展的发展也由传统的实体展览步入了结合智慧运用的线上、线下综合体,这要求会展经济能够结合信息技术的优势,通过建立智慧场馆,推动会展产业的智慧管理、建设,加速智慧会展的全面发展,为观众提供全面的智能服务。

(二)乌镇戏剧节的微观营销环境

1. 强大的组织管理和运作

作为乌镇戏剧节的发起人和设计师,陈向宏对戏剧节的诞生和壮大起着灵魂人物的关键作用。从掌管乌镇开始,陈向宏便格外重视乌镇的人文情怀,致力于挖掘乌镇的文化资源,通过旅游和文化、会展产业融合,打造不一样的千年古镇。而戏剧作为一门能迅速带动观众情感的艺术,被陈向宏视为乌镇向世界展示文化魅力的媒介。因此,创办戏剧节的设想从初期就被陈向宏放置在乌镇的规划蓝图中。戏剧节由乌镇旅游股份有限公司独立商业运作,不受政府干预,自负盈亏,主要运营管理来自于旗下的文化乌镇有限公司。作为一家致力于复兴乌镇文化,借由乌镇景区成熟的旅游资源,以打造特色文化小镇为目标的公司,发挥了强大的运作能力,将乌镇戏剧节一举打造成具有国际影响力的戏剧盛宴。

2. 成熟的乌镇景区资源和成功的乌镇模式

作为全国知名AAAAA级景区,乌镇已经形成旅游、会展、商贸、地产等综合产权开发的乌镇模式。乌镇的旅游产业管理完善,乌镇模式让兼具现代化理念和江南古韵的乌镇在全国旅游景点竞争格局中拔得头筹。目前,乌镇已经成熟地开发完成东栅、西栅景区,并打造新兴度假村——乌村,形成既有保持古镇原有历史风貌的观光区,也有现代化休闲服务度假产业的精品酒店、民宿、餐饮,同时开发中式田园风光的新型农家度假区。

3. 独立权威的艺术家团队搭配专业化的人才队伍

作为戏剧节的核心艺术家团队,乌镇戏剧节邀请了在国内外剧坛具有极大影响力、号召力的编剧、导演加盟,如孟京辉、赖声川、黄磊,并采取艺术总监轮流制,负责戏剧节的整体方向和品质把控。正是源自一批卓越的艺术家团队带领,不仅让戏剧节的品质、专业度、美誉度得到了保证,同时也起到了绝佳的公关形象宣传效应。

戏剧节活动的策划、运营、营销、后勤服务等还依托于专业人才和训练有素的队伍。得益于乌镇景区发展成熟的运作模式,戏剧节的运营获得了得天独厚的服务优势。在戏剧节期间,乌镇旅游公司投入大量人力资源全程支持戏剧节的服务接待工作,这是一般戏剧节无法具备的资源。在戏剧节举办之前,公司会对工作人员进行专业培训。此外,针对戏剧节的工作任务还额外设置了临时岗位,包括剧场经理、安保人员、剧团接待人员、媒体接待等,来保障戏剧节的顺利运营。

4. 注重用户需求,提供优质便利的公共服务

戏剧节成功的背后更来源于优质、便利的公共服务。依托乌镇成熟旅游景区的基础,戏剧节注重用户体验,在细节之处彰显对观众的体贴关怀和细致服务理念。在全部景区中遍及直饮水龙头、免费的茶水供给处,手机充电宝及雨伞租借。此外,连续五届的世界互联网大会的举办让乌镇接轨"智慧旅游"时代,无线网络的全面覆盖、移动互联网支付、二维码取票、机器人的投入使用,更是乌镇向世界展示其信息技术的硬实力。乌镇的魅力还来自景区内规划严格的商铺民宿服务。在西栅景区内,所有入驻的民宿、餐饮、商家都隶属于乌镇旅游公司,因此对于景区内所有的商品、服务的品质和价格,公司都有着高标准的严格规划和把控。这种管理模式保障了观众的消费权益,使其能够安全、愉悦地享受戏剧之旅。

5. 一流的基础设施

乌镇戏剧节对戏剧场馆的兴建投入了雄厚的资金,建立起了室内室外场馆7大演出场

所的综合体系。其中,最为著名的是斥资 5 亿元,占地面积 54 000 多平方米,由著名建筑师姚仁喜设计的乌镇新地标之一——乌镇大剧院,该剧院可同时容纳 1000 多人同时观看。同时还有国乐剧院、沈家戏园、秀水廊剧园、蚌湾剧场、日月剧场以及水剧场,每个场馆的设计、布置都展现不同的风格,这在世界范围内的戏剧节还是首屈一指。此外,得益于世界互联网大会在乌镇的兴办,会展产业的发展,相应配套设施的完善共同促进了戏剧节的硬件设施保障。乌镇互联网会展中心也供戏剧节使用,会展 3 号厅、4 号厅同步支持戏剧演出。此外,景区内外配套大量优质的酒店、民宿、度假村、餐饮服务和基础设施,保障了戏剧节期间大量观众在乌镇的吃住娱等消费需求。

6. 乌镇浓厚的历史文化底蕴

乌镇戏剧节能声名远扬,和乌镇自身的文化基因分不开。首先,乌镇具有 7000 多年的文明史,1300 多年的建镇史,与戏剧的历史渊源可以追溯到 300 多年前。中国清代卓越的戏剧大师,《长生殿》的作者洪昇一生的最后时光魂断乌镇,从此中国的戏剧走向了衰弱。乌镇戏剧节的出现,便是怀抱着复兴中国戏剧的情怀,借由乌镇重新崛起。乌镇也是木心的故里和最后居住地。木心美术馆和木心纪念馆的建成,也给了文化爱好者们探寻和拜访木心先生的作品和精神提供了宝贵的机会。乌镇不仅有让游客流连的秀美江南水乡风光,它的仿古建筑、高撑船、花鼓戏更是彰显了传统文化魅力。随着乌镇文化 IP 的打造,许多电视剧、电影、综艺节目选择乌镇为拍摄地;随着会展乌镇的发展,许多重量级的会议展览也锁定乌镇,如世界互联网大会。

思考:

(1) 结合资料,分析影响乌镇戏剧节的宏观环境有哪些?

(2) 结合资料,分析影响乌镇戏剧节的微观环境有哪些?

任务一　会展营销环境与消费者行为

会展营销
宏观环境

一、会展营销宏观环境

会展营销的宏观环境是指对会展企业营销活动造成市场机会或环境威胁的主要社会力量,包括政治、经济、社会、技术、环境等因素。会展行业开展营销活动必然依赖于宏观环境。因此,会展企业不仅要了解环境,主动适应环境,更要学会利用有利环境,避免不利环境,使环境有助于企业的生存发展。

(一) 经济环境

经济环境是指那些影响企业参展和观众到会参观意愿的各种经济因素,对经济环境的考察可预测和检验企业的参展意愿和观众的购买力。其中,影响参展企业的经济因素主要包括会展举办地的经济发展水平、产业结构、市场规模、利润率等;影响观众到会参观的经济因素有消费结构、恩格尔系数、收入状况及专业采购商实力等。例如,随着我国经济发展进入新时代,京交会的发展也进入了提质升级的新阶段,2020 年"京交会"更名为"中国国际服务贸易交易会"(简称"服贸会"),升级后的服贸会规模更加庞大,北京文博会、北京国际旅游博览会、冬博会等均纳入"服贸会",成为全球服务贸易领域规模最大的综合性展会和我国服务贸易领域的龙头展会,同广交会、进博会一起成为中国对外开放的三大展会。

(二) 政治法律环境

政治法律环境是那些具有强制性的和对举办展会产生影响的法律、政府行政部门的规定,如政府对举办展会在消防、安保、工商管理、知识产权和产品进出口方面的严格要求。政治法律环境是举办会展的硬环境。此外,与会展业相关的法律也在不断完善,如《大型出国经贸展览活动管理办法》《大型群众性活动安全条例》等,参展商开展市场营销活动,必须了解和遵守国家和政府颁布的各项法律法规,如果从事国际性的会展活动,企业还需了解和遵守办展国的法律制度和有关的国际法规、惯例及准则。例如,2020年7月,商务部、公安部、卫生健康委三部委联合发布《关于展览活动新冠肺炎疫情常态化防控工作的指导意见》,依据《中华人民共和国传染病防治法》《突发公共卫生事件应急条例》等法律法规,贯彻"安全第一、预防为主"的方针,依法科学开展展览活动新冠肺炎疫情常态化防控工作,充分发挥展览业在扩大开放、增加就业、稳住外贸外资基本盘、拉动消费等方面的重要作用,确保各项展览活动科学稳妥、安全有序开展,推动经济社会持续向好发展。

(三) 科学技术环境

科学技术的发展会对企业的经营活动和经营方式产生重大影响,了解科学技术环境可给会展业的办展思路、竞争模式、展会服务等提供支持。时下流行的VR、AR技术、机器人、3D打印技术、大数据、云计算等现代科技手段在会展业中应用已十分广泛,同时,现代的声、光、电效果,新媒体传播技术等也对增强展会效果起到重要作用。科学技术是第一生产力,高新科技的发展不断为会展营销提供有利条件。例如,2020届世界智能制造大会"云上博物馆"集聚人工智能、大数据、VR等技术,建立集数字化线上展厅、视频直播、连线等服务为一体的平台,并整合资源,通过3D虚拟全景化展台、案例图文视频等形式全面展示智能制造领域企业、产品、人才、资本、技术成果,真实再现线下展会,引领展会举办新潮流。

(四) 人口环境

人口环境是市场规模的重要标志,对人口环境的考察可预测和检验展会专业观众、普通观众的数量。对于大型活动或注重零售类的展会,人口的数量、分布、结构及变动趋势对于判断观众规模有重要意义。针对专业展览,相应产业及有关产业的人员数量、质量及结构是分析专业观众的有力支撑。例如,温州市致力于打造"千万级常住人口城市",实现人口规模适度,结构优化,整合提升全市园区,大力培育会展经济,计划每年举办1~2次全国性和国际性的重大标志展会活动。

(五) 社会文化环境

社会文化环境包括物质文化、关系文化、观念文化等。对社会文化环境的考察可预测和检验目标对象的喜好,安排合适的展会举办时间和内容。文化渗透于会展营销的各个方面,如当地的传统习惯、风土人情、宗教信仰等因素,都直接影响展商和观众的意愿。同时,活动的设计也要结合各国的文化特点,价格要依据各国不同的价值观和购买力水平。例如,在西亚和中亚的许多国家伊斯兰教徒不允许吸烟喝酒,因此,对参展商而言,应该注意与这些国家客商洽谈过程中切忌敬烟酒。参展商在每次参展前要充分准备,熟悉各国各地风俗习惯,有利于参展企业在国际展会中的跨文化交流顺利进行。

(六)自然生态环境

自然生态环境是人类最基本的活动空间和物质来源。会展营销活动要以绿色营销为出发点,在展会策划、设计、布展、搭建等方面要顺应自然生态环境变化,提倡降低能耗、循环利用、绿色包装,为展会节能环保树立良好的生态形象。大部分特装展位以木材、油漆等非环保材料为主,产生的粉尘、噪声等有害物质对环境及会展从业人员造成危害。目前,环保展台搭建的市场需求日益剧增,环保材料正在逐渐打破传统绿色材料可塑性低、设计感差的固有形态,着眼于创新的呈现方式。

二、会展营销微观环境

会展营销的微观环境是指对办展机构举办展会构成直接影响的各种因素,包括办展机构内部环境、组展商、营销中介、服务商、目标客户、竞争者和社会公众等。进行微观市场环境的分析是为了整合资源,使各种资源间优势互补,最大限度地挖掘资质优良的资源,壮大办展队伍,并最大限度地降低办展成本。

会展营销市场的微观环境

(一)办展机构内部环境

办展机构(主要指展会的主办方)进行办展机构内部环境考察,可以帮助办展机构审视自身优劣势,评判自身办展能力。办展机构内部环境就是办展机构内部所具备的各种条件,包括资金、人力、物力、信息资源及社会资源等。通过分析可以对办展机构是否可以提供高效的、高质量的会展活动服务进行评估,这也直接影响参展商及观众的营销目标实现。

(二)组展商

组展商也称为会展产品的供应商,是向搭建商、承办方、场馆、媒体等会展相关企业提供生产产品和服务所需资源的企业。组展商提供的资源主要包括原材料、设备、能源、劳务、资金等有形产品和无形服务。这些产品的价格、质量等直接影响下游企业的营销目标和效益实现,特别是承办方的人力资源、办展资质、办展资金及办展项目管理能力都与会展营销有直接关系。

(三)营销中介

营销中介是受主办机构委托或协助招展招商、宣传推广的中介机构,主要包括招展代理、招商代理、广告代理和其他服务机构。在选择代理机构时,要对其资质、专业程度、营销渠道、推广技术、创意水平、服务能力等进行全方位判断,尽量选择有实力的机构协助办展。

(四)服务商

服务商是受主办机构的委托,为展会提供各种服务的机构,主要包括提供展位设计搭建服务的展位承建商、提供运输服务的运输代理商、为展商或专业观众提供旅游服务的旅行社和酒店等、提供展会资料印刷和观众登记的专门服务商、提供展会金融服务的银行、保险公司及信托机构等。服务商的选择关系到一个展会的配套服务是否专业全面,因此展会服务商质量直接影响到参展商和观众对于展会的评价。

（五）目标客户

会展产品的目标客户包括参展商和观众所构成的群体，他们既是展会服务的对象，也是展会的主要利润来源。营销的最终目的是将潜在的参展商和观众变成有效客户，成为展会真正的消费者。

（六）竞争者

会展行业的竞争者就是与展会有竞争关系的其他同类展会，特别是市场化运作的展会活动。要想在市场上取得成功，就要比同类展会更能满足参展商的专业观众的需求。对竞争者的考察可预测和检验是否能比其他办展机构更有效地满足参展商和观众的需求，并设计应对市场竞争的对策。

（七）社会公众

社会公众是指对展会实现其目标具有实际或潜在影响的各类群体，进行社会公众的考察可预测和检验公关策略，确保展会举办的宽松市场环境。社会公众的类别主要包括政府公众、媒体公众、社群公众、金融公众、一般公众等。

三、会展消费者行为

会展消费者行为

消费者市场是指个人或家庭为满足生活需求而购买或租用商品的市场。消费者市场是市场体系的基础，是起决定作用的市场。在会展市场中，首先要明确处于消费者地位的主体有哪些，并对其心理运作过程进行分析。

（一）消费者主体

会展市场中的消费者主要包括参展商、展会观众、会议参会人员及节庆活动参加者。

（1）参展商是指在展览期间利用固定的展出面积进行直接信息交流的特定群体。参展商是会展产品的买家，也是会展营销的目标客户。

（2）展会观众也称为观展者，是指通过购买门票或提前注册入场参观，与参展商进行洽谈的个人或企业代表，一般分为专业观众及普通观众。专业观众是指从事展会上所展出的商品或服务的设计、开发、生产、销售或者提供相关服务的专业人士或者用户，专业观众又称贸易观众。普通观众则不以达成交易为目的，而是出于兴趣和爱好来了解展会情况的群体。因此，对于专业技术方面的展会一般不允许普通观众入场，即使允许也安排在展会的最后两天，但对于消费类的展会而言，普通观众的受重视程度较高。

（3）会议参会人员也称为与会者或会议代表，是指受到会议组织者邀请或自愿参加某会议的个人或代表。与会者的数量、级别是判断一个会议活动是否成功的重要标志。

（4）节庆活动参加者一般为普通群众，传统节庆是约定俗成、世代相传的一种社会活动。现代节庆则以特定主题活动方式来吸引大众。

（二）消费者心理行为分析

会展市场具有消费主体众多的特点，不同的消费主体在会展市场中的心理行为及影响因素各有不同。消费者心理行为分析如表2-1所示。

表 2-1 消费者心理行为分析

消费者主体	心 理 行 为	影 响 因 素
参展商	(1) 展示贸易心理：通过参加展会，可以迅速全面地了解市场行情，向国内外客户试销新产品，推出新品牌，同时通过与世界各地买家的接触，了解谁是真正的客户，行业的发展趋势如何，最终达到推销产品、占领市场的目的。 (2) 宣传推广心理：通过参加展会，企业可以宣传自己、调研信息、扩大销售。根据自身规模、性质等来选择与之相匹配的展会，而后着手展前的准备与宣传、展中的管理和展后的评估总结。 (3) 收集信息心理：除了展示和交易，参展商更希望能从展会上收集到关于市场和行业发展趋势的最新信息	(1) 主办方的声誉：参展商对声誉良好的主办方在展览题材的把握以及参展商及专业观众的组织方面寄予很高的期望。在选题方面，大部分专业观众偏好专业性展览会，他们希望主办方对展会有明确的定位。 (2) 专业观众邀请情况：参展商参展主要是与专业观众进行沟通交流、销售、形象宣传、建立客户关系，因此，主办方是否可以组织相应数量和质量的专业观众是影响参展商参展的重要因素。 (3) 举办地环境因素：展会举办地是否具备区位优势，交通、餐饮、娱乐等相关配套服务是否完善
展会观众	(1) 购买商品或服务的心理：专业观众通过参加会展活动，比较产品及服务的价格和性能，寻求特定的产品和发现新产品或新用途，有效地了解所需产品的技术功能和参数；普通观众参展是为了满足其购买质优价廉的产品，可以节省很多的时间。 (2) 进行科研的心理：相关的技术人员、管理人员、科研人员、设计人员等为了了解行业的最新技术、科学技术的运用情况以及科技的进步等而来到展会现场。 (3) 市场调研的心理：有些专业观众观展的目的是以最低的成本更好地了解行业的发展状况、市场的发展前景、消费者的需求、竞争对手的情况等。由于有些参展商会选择在展会现场发布新产品信息，观众通过参加展会可以了解行业内最新产品技术情况。 (4) 维护关系的心理：有些观众通过参展的方式维系或建立与会现场参展商、其他观众的人际或商贸合作往来关系。借助会展这个平台，观众不仅可以和老客户加强联系，增进沟通，而且可以接触到许多提供类似产品和服务的新客户，通过参观新客户的展台和产品，认识新客户，建立新的客户联系。 (5) 娱乐的心理：一般来说，展会都安排有开幕式等配套活动，届时会有众多明星出场和精彩的演出，再加上展会上各参展商安排众多节目以吸引观众，场面颇为热闹。因此，娱乐的心理会吸引部分观众前往	(1) 参展商因素：专业观众价值能否实现的关键，在于是否有大量高质量的参展商。参展商数量越多，展会整体的展览规模以及每一个参展商的展位规模越大，说明展会的质量越高，影响力越大；国外参展商所占的比例越大，说明展会的国际化程度越高；如果参展企业都是所在行业的知名企业，则说明展会的质量比较高。 (2) 人口因素：人口素质的高低首先决定观众是否具有现代的参展意识。如果观众对参展可带来的效用认识不足，认为参展不参展无所谓，参展动机就低。另外，观众的收入水平也是影响观众是否有参展动机的一个重要因素。收入水平越高，对花费的成本产生的心理成本就越低；收入水平越低，对所花费的成本产生的心理成本就越高。而心理成本越高，所期望的回报也就越高。 (3) 区域优势因素：展会举办地具有区位优势可以使观众获得更多的回报，认识更多的贸易伙伴，而且可以实现参观、购物、旅游的需求。 (4) 其他社会因素：观众参展行为受到周围参照群体，诸如正式与非正式组织、家庭、社会角色与地位等一系列社会因素的影响。参照群体不仅为个人展示新的行为模式和生活方式，而且由于模仿其参照群体愿望的存在，因而它会影响观众对某些事物的看法和对某些产品的态度，并促使观众行为趋于某种"一致化"，从而影响他们对展会的认同

续表

消费者主体	心理行为	影响因素
与会者	(1) 获取信息的心理：与会者参加会议的主要目的在于获得会议主题相关信息，因为会议就是将相关信息、知识、技术等在短时间内集中传播与发布。 (2) 宣传推广的心理：与会者在大会上将自己的思想、知识、态度、技术等进行宣传和推广，让其他与会者了解自己或所在组织的思想，增加互相学习、交流的机会。 (3) 休闲娱乐的心理：一般来说，会议会安排开幕式、宴会、颁奖、旅游等相关活动，届时会有嘉宾出场和精彩的演出，因此娱乐休闲的心理会吸引部分与会者参会	(1) 会议组织者实力因素：专业的会议组织者可以将最新的理念、技术、手段等带到会议市场中，帮助会议组织者(客户)实现会议预期的目标，有效地推动会议产业向前发展。组织者的资源、专业性、策划与创意能力等，从短期效果和单一会议来看，可以帮助客户实现省力省钱，保证效果的目标。从长期效果来看，组织者跨领域、密集性强的专业经验能够帮助客户培养专业团队，完善采购体系，提高服务质量，提升品牌形象，创造直接经济利益以外的更多价值。 (2) 嘉宾因素：会议邀请合适的嘉宾演讲者是与会者是否参会的重要考虑因素。演讲嘉宾的身份、背景、特长、成就、演讲内容等是与会者直接关心的问题。 (3) 举办地因素：展会举办地是否具备区位优势，旅游、交通、餐饮、娱乐等相关配套服务是否完善
节庆活动参加者	(1) 满足兴趣的心理：节庆活动的相关主题可以满足参与者的喜好，使参与者在节庆活动参与过程中充分发挥特长、挖掘兴趣、获取信息。 (2) 娱乐的心理：节庆活动的娱乐性远大于会议和展览，相关的配套活动如开幕式、宴会、演艺活动、比赛、旅游等文化体验活动更加丰富，届时会有明星出场和精彩的演出，因此娱乐休闲的心理会吸引节庆活动的参与者	(1) 社会因素：节庆活动本身就是以节日、盛事的庆祝和举办为内容的产品，对于提升文化内涵，宣传历史文化和民俗风情，促进城市建设有重要作用，因此，消费者会被其特色文化、艺术魅力等吸引而来，了解相关知识，感受多样文化，融入欢乐气氛。 (2) 个人因素：节事活动的参与是日常紧张而忙碌工作后的一种休闲和享受，适当的放松不仅有益于身心健康，而且有利于提高工作效率；其次，节事活动可以让感情得到自由宣泄，可以使参与者精神愉悦，从而更加热爱生活，提高工作的主动性和创造力，提高生活质量

 小阅读 2-1 参展商行为的心理分析

1. 知觉因素

参展商进入展会，带来的刺激因素就是展品、展台的形式，运用这些眼睛感受到的知觉，对前来的观众、顾客的行为发生作用。知觉是对感觉的一种修饰与解答，感觉是知觉的基本条件。参展商的知觉行为取决于知觉的感知对象，参展商的知觉包括从展会主办方获取的感知以及对于参加展会观众、消费者的知觉把握两个方面。知觉一旦形成，就能对于参展的决策行为产生影响。这里要注意展会的品牌资产，这是一种重要的无形资产，它形成的关键在于消费者看待品牌的方式而产生的消费行为。大家熟知的心理学家韦伯,就提出了人对于各种感觉的差别阈值是不同的观点。韦伯研究认为重量感觉的阈值在3%,人对于视觉的阈值为1%,听觉是10%,味觉与嗅觉则基本相同,都在25%的水平上,对于压力的感觉为5%。这就需要根据不同的知觉采取不同的刺激方式。

2. 动机因素

参展商行为动机作为接受刺激与产生行为的中间度量值,其中的内在变量包括参展商的最基本需求以及通过展会取得意外收益的机会心理因素。参展商的公司企业组织形式、经济财务状况、时间成本、产业发展的态势构成了参展商行为动机的客观条件。参展商的动机有多个方面,有求名动机、求新动机、求利动机、求实动机、从众动机等,这些动机最终都指向参展商所预期达到的目标,即通过参加展会提高自身的经济效益和社会效益。参展商行为动机产生的主要原因是参展商企业的经营理念、对展会的期望与效益评价、参展目标因素。企业在行业内的众多展会中进行选择时,如何更好地实现参展目的成为其作出参展决策的关键因素。

3. 需求因素

参展商需求因素包括自身的经济财务状况、偏好、参展预期、产业环境、参展成本及政府政策方面。参展商要注重挖掘会展中的显性需求与隐性需求,只有吸引更多的消费者才能增加参展商自身的经济效益与社会效益。同样,展会主办方也要挖掘参展商的参展需求,从各个不同的参展商的企业文化心理出发,满足参展商不同的需求,当然最终需求都是企业安身立命的根本——利润。因此,在面对竞争激烈的会展产业市场时,如何着眼于捕捉参展商的需求,对其进行开拓就显得尤为重要。

4. 社会因素

社会因素和参展商的消费心理产生作用的因素有以下几点:①参展商的文化差别;②参展商消费心理;③参展商的发展不同阶段;④参展商收入与支出的水平;⑤参展商的购买打算。受不同地方文化的差别或者不同地方经济差别的作用,参展商会选择有变化的参展方式和参展决策;差异化的参展商由于自己的水平不一定是一样的,展现到大家眼里的行为也会不一样。从参展商自身发展生命周期上看,参展商在不同发展阶段会采取不同的参展策略。从参展商参展计划上来看,参展商本身有对于自己收入支出的财务计划,要从其计划来思考参展商的参展心理,顺应有参展计划的,开发潜在无参展计划的。

四、会展组织市场

会展组织市场

在会展市场中,组织市场主要包括政府、展览公司、会议主办单位、场馆、设计搭建公司及相关媒体。

(1) 政府:一个城市要发展会展业,就必须具备一定的会展场馆基础设施和配套的城市基础设施、会展策划和组织人才、交通、技术支持能力等,而这些只有政府才能完成,或者必须在政府的支持下才能进行。西方的会展发展史证明,政府的主导、扶持和参与是一个国家或者地方会展经济发展、会展市场培育的重要保障因素。

在很多会展业发达的国家,其政府机构中专门设置了管理会展的机构,如伦敦和巴黎设置有专门的会议局,新加坡旅游局专设有下属的会展署、美国的波士顿和旧金山则专门设置有会议与旅游局等。这些政府机构在组织和营销会展产品的过程中起到非常重要的作用。在我国,厦门、海口等城市也设立专门的会展局,杭州、武汉、西安等诸多城市均设立会展业发展办公室(会展办)。

当今世界还有很多只有主权国家政府才能举办的、具有较大影响和悠久历史的国际性会展活动,如奥运会、世博会、APEC 会议、G20 峰会等。

(2) 展览公司:我国展览企业是各类展会的办展主体,2018 年度中国展览数据统计报告显示,至 2018 年年底,IAEE 在中国大陆地区的企业会员为 38 个,UFI 中国会员达到 140 个。

(3) 会议主办单位:专业会议公司是负责起草、申办、策划、组织、协调、安排和接待国际会议和大型活动的专业公司,是会议产品的供给者。据全球国际会议组织 ICCA 的数据预测,全球每年会有约 21 000 场不同的协会会议或者其他年度会议。

(4) 场馆:主要包括会议中心和展览场馆。近年来,国内展览市场持续升温,带动展览场馆建设,而新建场馆的健康运行也推动会展市场蓬勃发展,形成良性循环。2018 年全国投入使用的展览馆场馆 286 座,展览总面积达到 1129.8 万平方米。其中,计划 2019 年投入使用的深圳国际会展中心,其室内展览面积 50 万平方米;室内可供展览面积为 40 万平方米的天津国家会展中心,正式恢复建设施工。统计数据表明,大型城市单个展馆建筑大型化和一城多馆已成为普遍趋势。

(5) 设计搭建公司:作为会展行业的下游企业,主要为展会活动提供展会主场搭建、特装展台及展示厅设计与制作及展览器材租赁。

(6) 媒体:会展活动本身也需要借助媒体的广告宣传,以吸引更多的展商和专业观众参加会展活动,扩大会展产品的市场影响力和号召力。会展营销主体的复杂和内容的广泛决定了展会必须综合运用各种手段来开展营销。会展行业的专业媒体一般包括会展网站、专业期刊、杂志等。我国专业的会展类期刊主要包括《中国会展》《中外会展》《展览与市场》等。

各组织市场营销的目的及内容特点如表 2-2 所示。

表 2-2 会展组织市场特点

组织市场分类	营销目的及内容
政府	作为营销主体,政府旨在营销会展城市,以优越的办展环境吸引更多、更高档的会议或展览在本市举办,提升城市竞争力
	作为营销对象,展览公司也会为争取政府的积极支持而强调展会对当地经济的促进作用
展览公司	作为营销主体,为了争取政府或行业协会支持,宣传展会对举办地的促进作用,吸引更多的展商和专业观众,塑造展会品牌,获得利润,突出展会给展商和专业观众带来的独特利益
	作为营销对象,场馆、设计搭建公司及媒体会为通过展会盈利,而对其进行企业实力、经验等方面的展示及营销
会议主办单位	作为营销主体,为了争取政府或行业协会支持,宣传会议对举办地的促进作用,吸引更多的与会者、塑造会议品牌,获得利润,突出会议给与会者带来的信息和利益
	作为营销对象,会议中心、会议策划与服务公司及媒体会为通过会议获得利润,而对其进行企业实力、经验等方面的展示及营销

续表

组织市场分类	营销目的及内容
场馆	作为营销主体,功能完善的场馆、先进的管理和优质的服务可以吸引更多的展会或会议,特别是国际性品牌展会或会议
设计搭建公司	作为营销主体,为得到组展机构和参展商的认可,较强的资金和技术实力、丰富的设计和搭建经验可以为公司争取更多的设计搭建业务,从而获得利润
媒体	作为营销主体,媒体在会展活动中的桥梁作用可以提高媒体的知名度,获得广告收益和利润。媒体参与对一些重要的、大型会展活动的报道和新闻追踪也有助于媒体保持和拓展自己在传媒领域内的地位和影响

实战演练

中国国际服装服饰博览会SWOT分析

一、SWOT分析的含义

SWOT分析方法被广泛应用到各行业和各个层次,其中,S代表Strength(优势),W代表Weakness(劣势),O代表Opportunity(机会),T代表Threat(威胁),S和W是内部因素,O和T是外部因素。所谓SWOT分析,就是通过对经济主体所处环境的机会和威胁的分析来判断其发展潜力。它不仅能对一个经济主体的竞争地位做出比较清晰、全面的判断,也可以为其制定发展战略提供直接的思路。

在SWOT中,优势与劣势、机会与威胁分别侧重于内、外部环境的分析,两者的综合结果便构成了对会展企业竞争地位的判断。一个优秀的会展企业发展战略规划应能最大限度地发挥自身的优势,最有效地抓住环境中的机会,从而使会展企业的竞争力得到极大地提升。同时,还必须能克服自身的劣势,有效规避各种风险和威胁。因此,衡量会展业发展战略是否合理的一个简单而有效的准则是:看它是否能充分发挥优势,是否能及时抓住机会,是否能很好地克服劣势,是否能有效地回避威胁。

1. 企业内部环境分析——优势与劣势

企业优势和劣势分析实质上就是企业内部经营条件分析,或称为企业实力分析。优势是指企业相对于竞争对手而言所具有的优势人力资源、技术、产品以及其他特殊实力。充足的资金来源、高超的经营技巧、良好的企业形象、完善的服务体系、先进的工艺设备、与买方和供应商长期稳定的合作关系、融洽的雇员关系、成本优势等,都可以形成企业优势。

劣势是指影响企业经营效率和效果的不利因素和特征,它们使企业在竞争中处于劣势地位。一个企业潜在的弱点主要表现在以下几个方面:缺乏明确的战略导向、设备陈旧、盈利较少甚至亏损、缺乏管理和知识、缺少某些关键的技能、内部管理混乱、研究和开发工作落后、企业形象较差、销售渠道不畅、营销工作不得力、产品质量不高、成本过高等。

2. 企业外部环境分析——机会与威胁

企业的机会与威胁均存在于市场环境中,因此,机会与威胁分析实质上就是对企业外部环境因素变化的分析。市场环境的变化或给企业带来机会或造成威胁。环境因素的变化对某一企业可能是不可多得的机会,但对另外一家企业则可能意味着灭顶之灾。环境提供的机会能否被企业利用,同时,环境变化产生的威胁能否有效化解取决于企业对市场变化反应的灵敏程度和实力,市场机会为企业带来收益的多寡不利因素给企业造成的负面影响程度,一方面取决于这一环境因素本身的性质,另一方面取决于企业优势与劣势的结合状况。最理想的市场机会是那些与企业优势达到高度匹配的机会,而恰好与企业弱点结合的不利因素将不可避免地消耗企业大量资源。

在对企业环境因素进行评价时,一个有意义的方法便是将企业优势、劣势和市场机会、威胁结合起来进行分析,也称为企业内外情况对照分析。

二、中国国际服装服饰博览会SWOT分析

(一)服博会简介

由中国服装协会、中国国际贸易中心股份有限公司和中国国际贸易促进委员会纺织行业分会共同主办的中国国际服装服饰博览会(简称服博会)在北京中国国际展览中心(新馆)举行。

(二)19届服博会SWOT分析

1. 优势

(1)成立时间长,实力雄厚

中国国际服装服饰博览会(CHIC)由中国服装协会、中国国际贸易中心股份有限公司和中国国际贸易促进委员会纺织行业分会共同主办,创办于1993年,每年一届,在北京举办。CHIC伴随着中国服装产业的发展而不断壮大,现已成长为亚洲地区最具规模与影响力的服装专业展会。

2008年,CHIC转战中国国际展览中心(新馆),主办单位纵览全局,对品牌未来的发展方向、竞争态势、运营模式做出了准确的判断,高举"创新"旗帜,以"创意"为切入点,进行"突破和创新,转型与升级"。在未来的10年中,全球经济重点的转移和全球资源重新配置已是大势所趋,更具实力的中国品牌必将拥有更多的话语权去树立新的规则。而CHIC作为亚洲最具规模与影响力的服装专业展会,在推动中国服装品牌发展壮大的过程中也完成了自身品牌建设的华丽转身。品牌参与CHIC并深度合作,寻求市场和品牌的完美结合,已成为中国服装品牌持续稳定发展的法宝之一。

2010年,CHIC已辉煌走过18个岁月,拥有了一连串非凡的数字:10万平方米的展览面积,逾10万人的专业观众,20余个国家和地区的参展商及千余个展出品牌……CHIC已被业界公认为是服装品牌推广、市场开拓、创新展现、潮流发布、财富创造、资源分享及国际交流的最佳平台。同时,随着展会时尚度的不断提升,各种文化、艺术、创意等跨界资源的融入使CHIC也成为每年三月时尚业界乃至社会关注的焦点。

2011年,CHIC将触角伸入各种相关领域。以"梦飞扬"为主题的"真维斯CHIC2011时尚艺术长廊",通过绘画和装置等艺术表现形式,将把1993—2011年19年间的社会时尚风貌淋漓尽致地展现出来。"CHIC时尚生活广场"的首次建立,更是将"跨界"理念从体验的角度融合到专业展会上。最近两年,CHIC展会期间主办单位采取的一系列极具前瞻性的跨界尝试,均引发了业界的强烈共鸣,引领着行业注重软实力提升,向以文化创造力为核心竞争力的方向发展。当下,机遇与挑战并存,CHIC在承载历史的同时,更多体现的则是

未来。2011年,CHIC主办单位把展会的主题定为"发现"。这源于其审时度势、与时俱进的价值观。2011年,CHIC通过"时尚艺术长廊""时尚生活广场"将触角伸入艺术、潮流、环保、文化、创意、新媒体及娱乐等领域。CHIC正成为时尚、健康生活方式的前沿引领者。

此外,为推动服装品牌价值提升,CHIC 2011主办单位围绕展会平台,为品牌打造全方位的发挥空间:CHIC整合品牌发展所需要的产业链相关资源,为企业创造品牌价值;"中国服装品牌年度大奖"从品牌市场现状、品牌发展潜力、发展前景等方面考量品牌价值;"中国服装论坛"以"构建品牌力量"为主题邀请国内外专家、学者、企业家展开深入讨论,帮助企业提升品牌价值。

(2) 规模大

本届博览会在中国国际展览中心(新馆)举行。展出面积为11万平方米,设男装、女装、休闲装、童装、内衣、皮革/皮草、羽绒、时尚饰品、设计师廊、服装类资源以及海外展团11个专业展区。

(3) 专业性强

自创立之初起,CHIC主办单位把"引导中国服装行业进步、推进中国服装品牌发展"作为办展宗旨。CHIC的核心理念是:打造服装品牌推广、市场开拓、财富创造的国际化一流商贸平台;塑造最具时尚体验感、最具前沿与潮流引领、最具创意和跨界启发的时尚平台;发展成为全球服装品牌共享与配置其所需相关资源的深具影响力的交流平台。

CHIC始终是时尚、健康生活方式的前沿引领者;始终是品牌持续发展与市场开拓所需资源的全面整合者;始终是高端化、专业化、人性化服务及有效解决方案的优秀提供者。CHIC早已成为中国乃至世界服装业的"风向标""晴雨表"。

中国国际服装服饰博览会不仅成为亚洲地区最具规模的服装专业贸易展,同时也成为中国服装业界公认的年度盛会。

(4) 资源丰富

此次服博会参展企业达到历史新高,国内一线品牌都悉数参展,而国外参展品牌数量也突破历史记录,占到总参展数量的三分之一,展区面积达到整个展区面积的五分之一,超过300个来自美国、德国、意大利、法国等国家的品牌将莅临CHIC,聚集于W1馆和W2馆,参展面积达23 000平方米。除2010年参展的意大利、法国、韩国以及中国香港、中国台湾展团外,还将增加美国、德国、日本三个展团。CHIC 2011期间将举办:如意·2011中国服装论坛、2011中国服装发布会、第七届中国服装品牌年度大奖等相关活动60余场,预计约10万专业观众到会参观洽谈。

第十八届中国国际服装服饰博览会(CHIC 2010)展出面积10万平方米,使用中国国际展览中心(新馆)全部8个展馆,来自23个国家和地区的900余个中外服装服饰品牌参展。1000余名国内外记者现场采访报道。国内外观众达到115 000人,其中,51 686人来自18 746家代理商;25 868人来自3856家商场;18 764人来自5008家外贸公司;486个VIP商家;其他18 196人。

2. 劣势

(1) 政府支持力度不够

北京作为首都和政治文化中心,有自身的特殊性,整体发展战略与其他城市和地区有根本的不同。目前北京主要发展高科技产业,服装业并不是重点发展产业,政府对服装业发展支持较少,这与上海、大连对服装业的支持是不可比拟的。

目前,北京正处于国有资本的战略性重组与产业结构的重要调整期。这几年在北京的工业调整中,纺织和服装工业在全市工业的比重下降,这应该是出于产业调整的正常现象。但服装业是典型的城市型工业,是与首都大都市特征相符合的行业,北京作为文化型大城市和世界著名旅游城市,服装业应该占有较大比重。同样作为首都的巴黎、伦敦、东京服装业的发展道路值得北京借鉴。

(2) 行业管理不够完善

北京的服装行业协会还没有真正起到为服装企业和整个行业服务的作用。企业没有形成整合系统,协会没有发挥应有的作用。目前北京的大部分企业仍处于积累、扩张资本和学习国外企业管理经验、建立企业文化和发展营销体系阶段,各自分散还没有形成整合系统。

(3) 缺乏大规模的产业集群

我国服装行业,企业数量多但规模普遍偏小,竞争力不强。大部分企业没有从事国际贸易的人才和经验。

(4) 会展专业人才缺乏

一个会展活动的成功举办,更重要的是看它所带来的经济及社会效益,而会展又与旅游紧密相关,此次服博会若能更注重会展过程中参展人员的食、住、行、游、娱、购等活动,那么其所带来的经济及社会效益会更加可观;另外,专业的会展人才较少,随着服博会被越来越多的专业人士及顾客所熟知,其影响以及举办的规模会越来越大,整体规划和细致的分工要求会越来越高,这也是目前我们国内会展公司所缺乏的。

3. 机遇

中国作为全球最具成长性的消费市场,其市场潜力正受到海外服装品牌的广泛关注。2011年,超过300个来自美国、德国、意大利、法国等地的品牌将莅临CHIC 2011。毫无疑问,CHIC已成为海外品牌开拓中国服装市场最重要的平台之一。

(1) 美国展团品牌首次组团参展

由美国知名展览机构"ENK国际"组织参展的美国展团将成为2011年CHIC海外展馆最大的亮点。CHIC 2011主办方负责人曾琦表示,不论从数量还是质量上而言,美国展团在本届展会上将突破往年美国企业单独参展的形式,赢得更多的市场机遇。

作为CHIC 2011的特别合作伙伴,"ENK国际"精心组织了近30家美国本土的高端女装、男装、童装及饰品品牌参展。在美国,ENK是Coterie、Designers Collective、ENK Vegas、Intermezzo Collections和WSA等服装类展会的主办机构,具有极高的行业影响力和知名度。

据主办方介绍,在此次ENK国际组织的品牌中,有不少是美国本土的时尚品牌,包括Hudson jeans、AG jeans、Paige等深受美国影星喜爱的嘻哈风格牛仔潮牌。除此以外,在美国拥有较高人气及销量的现代高档女装品牌Robertrodriguez也会在本届展会上亮相。

ENK国际还将组织专家与中国的优质代理商、多品牌集成店、知名百货商场的高端买手一起,就"中国品牌如何进入美国市场"进行探讨。主讲人Andreas Kurz拥有超过25年在顶级品牌公司的工作经验,先后在 7 for All Mankind、Akari、Polo Ralph Lauren、Diesel 美国、Hugo Boss 美国担任总裁或 CEO 等职务。

(2) 德国展团集聚一线高端品牌

据介绍,德国展团 2011 年组织了十几家企业参展。与以往不同,在 2011 年德国的参展企业中,有不少是大型服装企业或高端品牌,其中最值得一提的是,德国目前最大的两个女装品牌 Marc Cain 和 Gerry Weber。

Marc Cain 是德国的顶级女装品牌,创立于 1972 年,因其很好地融合了德国的严谨和意大利的随意风格而享誉欧洲。目前,Marc Cain 已进入中国市场,在北京的国贸商场开设了专卖店。

另一个女装品牌 Gerry Weber 来自一家上市服装公司,旗下还包括三个副牌 Gerry Weber EDITION、Gerry Weber Sport 和 G.W.。目前,Gerry Weber 已在全世界 50 多个国家开设了约 1000 间店铺,足迹遍布瑞士、阿联酋、英国、俄罗斯等国,每年约有 100 间专卖店陆续开设。虽然 2011 年是 Gerry Weber 第一次参加 CHIC,但 Gerry Weber 试图在中国找到合适的合作伙伴,特别是那些能充分理解 Gerry Weber 经营许可制度的零售商,期待它们能开启属于 Gerry Weber 的中国市场。

除 Marc Cain 和 Gerry Weber 两大女装品牌、高级时尚男装 Benvenuto、高级设计师品牌 Schunk & Rosenfeld 以外,在 CHIC 2010 收获好评的 Gabor、Sioux、Ara 等德国高档鞋类品牌将继续参展 CHIC。据悉,德国展团将有若干企业举办发布会、晚宴等活动,非常活跃。

(3) 法国、意大利展团休闲时尚风格突出

2011 年 CHIC 期间,法国展团将继续以"Paris For Ever"为主题参展,本届 CHIC 法国展团面积将扩大至 1200 平方米。与以往不同,2011 年的法国展团除了得到 Who's Nest 和 Premiere Class 两大知名展会及法国女装协会的支持外,还得到了法国政府的特别关注。据介绍,法国政府通过 UBIFRANCE 专门组织了一些优秀的法国企业加入 Paris For Ever 展团,以鼓励更多的法国服装品牌进入中国市场。和法国展团相同,意大利展团 2011 年也加大了参展规模,展位面积达到了 1600 平方米。除了展示传统的男装、女装、休闲装和配饰以外,2011 年意大利展团的亮点还在于部分精品童装品牌的参展,包括意大利顶级童装公司 Loredana 家族旗下的 Loredana、Mini Cooper、le Bellissime 品牌,高档童装公司 Mirtillo 旗下的 Mirtillo 品牌以及高档童装公司 Mafrat 旗下的 Ferrari、GF Ferré、Byblos 品牌。

(4) 韩国、日本展团积极拓展中国市场

作为 CHIC 2011 的特别合作国,韩国展团在本届展会将举办 4 场原创时装发布秀及 1 场中韩联合时装表演。据主办方负责人透露,由韩国纤维产业联合会组织的韩国展团展出面积将突破 4000 平方米,届时将有近百家韩国本土品牌企业参展,其中包括韩国本土著名的信元公司。在 2007—2009 年 3 年间,日本民间曾组织日本服装品牌参展 CHIC,取得了不错的成效。

(5) 中国香港、中国台湾展团参展时间长,品牌数量多

由中国香港贸易发展局组织的中国香港地区展团自 1993 年首届博览会便开始同 CHIC 结缘,它将继续成为境外馆最大展团,其占地近 6000 平方米,展示数十家香港品牌

的服装、配饰和时尚产品,包括 Harry Porter、Hiroshima、Hauber、Moreline 等众多知名品牌。

(6) 全方位服务带来市场机遇

与往年相比,海外品牌独立参展是 CHIC 2011 的一大亮点,据介绍,2011 年独立参展的品牌规模将占到海外展团面积的 45%。在 CHIC 2011 的海外展区,除各大展团外,现场观众还将看到一个名为"Style Signature"的精品一条街。在这里,主办单位将集中来自欧美的高端精品进行展示,品类以时尚女装、时尚休闲装和饰品为主。此外,为提高 2011 年的展会效率,CHIC2011 主办方还将定向邀请国内商场经理和代理商与展商对接。在展会期间,主办单位将设立海外服务中心,为海外买家提供翻译和陪同服务。

4. 威胁

(1) 服装业面临生产难题

劳工荒带来招工难的问题,使得用工方面临严重压力。此外,中国纺织业正面临着发展中企业的规模、市场份额及创新的集中度走向等问题。

(2) 技术方面

服装企业的核心竞争力在于设备现代化+企业信息化,企业核心竞争力的最新的诠释:信息化的高价值性、稀缺性、难模仿性和不可替代性;然而服装企业"表面形式主义"严重,制约服装业竞争力的提升。

(3) 消费市场

服装企业的竞争还停留于较低层面上。中国大部分市场被那些 90% 在中国制造的品牌所占领,服装企业竞争停留在比较低的层面上,主要停留在价格、款式等方面的竞争,绝大多数服装企业的产品销售还是以批发市场的大流通为主。具体表现在占世界五分之一人口的消费大国,2002 年,我国纺织工业总产值超过 10 644 亿元,销售总额 10 024 亿元,实现利润 336.6 亿元,全国服装和纺织行业 70% 的利润来源于内贸市场,内贸成为中国服装的主战场。服装业的"外转内",即外贸企业做内贸市场。纺织品服装内销最大的潜力市场还是在农村。2008 年城镇居民每年衣着支出在 1000 元以上,农村却不到 200 元,基本上只相当于城镇的五分之一左右。

(4) 设计方面

存在培育国际品牌和养活国外设计师的尴尬真相,设计能力较弱,中国服装产业结构链停留在传统设计管理的模式,设计手段多停留在纸面放样的落后阶段,设计周期长,服装的新产品周期(设计、成衣到进入销售)工业发达国家平均 2 周,美国最快 4 天,而我国平均是 10 周时间,差距非常明显。试制成本高,造成新产品创新能力弱,新品开发周期长,就不容易发掘适销对路的产品,进而造成库存积压,影响资金周转。

(5) 国内外其他服装展会的威胁

自一月份以来,相继有德国法兰克福家用纺织品展览、德国国际服装服饰加工贸易等同类展会,其中 2011 年 3 月 13—16 日的美国拉斯维加斯国际专业服装服饰展会 Magical Show,是全球历史最悠久的专业服装及面料展会,以 7 个专业展区完美地展现了其作为全球最全面、最专业的服装及面料展的特色,如此盛大成功的展会势必给 CHIC 带来压力。此外,继 Magical Show 后,美国纽约、墨西哥、日本东京、中国香港、波兰、法国巴黎等地区都将有服饰服装类展会,面对如此多的服装类展览,CHIC 面临着如何使其展览有自己的特色的同时实现预期目标的压力。

三、结语

在经济全球化的今天，中国服装业面临的挑战比以往任何一个时期都要严峻，因为劳动力更为低廉的国家的服装生产正在蓬勃发展，而知名品牌的服装几乎被发达国家所占据。中国服装业要在国际市场中发展及壮大，必须从战略的高度出发，不断提升国际竞争力，加强产业结构调整，实现大规模产业集群；有针对性地进行行业信息平台建设和企业信息化建设，实施虚拟经营；对服装产品质量监督和标准进行修订，使之与国际接轨；加强企业的品牌意识，争创世界一流品牌；加大营销力度，拓展营销渠道，实施市场多元化战略；加强应对国际贸易保护主义意识，熟悉游戏规则，重视对知识产权的保护；引进和培养服装相关的高级人才，加强与国际合作与交流；大力推广虚拟经营在整个行业的实行。相信通过一系列的战略策划的实施，有朝一日，中国将会成为世界服装"品牌强国"，诞生像世界五大时装之都：米兰、巴黎、纽约、伦敦、东京一样的引导世界服装潮流的大都市。

（资料来源：网络资料整理而成）

思考与实践：

（1）阅读上述中国国际服装展会的SWOT分析内容后，请概括列举展会的SWOT分析应考虑哪些方面？

（2）根据当地的产业与文化特色，选择一个会展项目，对其进行营销环境分析，并甄别会展消费者行为及组织市场特点，具体内容包括：①展会宏观及微观营销环境分析；②展会SWOT分析（基于会展市场调研）；③消费者分析（基于对参展商及观众的调研）；④展会组织市场分析（基于对办展机构等组织方的调研）。

任务二　会展市场调查

会展市场调查的意义

一、会展市场调查的意义

（一）会展市场调查的含义

所谓会展市场调查，就是以科学的方法，有系统、有计划、有组织地搜集、调查、记录、整理、分析有关会展产业、市场、同类展会等信息，客观地测定及评价、发现各种事实，用以协助解决有关会展经营决策问题，并作为各项经营决策的依据。

（二）市场调查的重要性

市场调查是现代市场营销活动的起点。会展市场调查是会展项目成功举办的基础和先决条件，在会展营销活动中扮演着极为重要的角色。一项大型会议或展览项目从选题、立项策划、展位定价、招展招商到会展服务的全过程都离不开广泛、深入的市场调查。美国Red Bank展览调查公司首席运营官Skip Cox先生讲到："越来越多的会展公司意识到，要想在竞争激烈的领域取得更大成功，需要通过市场调查来帮助自己做出更好的决定。"会展市场调查的主体可以是会展咨询公司、会展策划公司、广告代理商、现场服务公司、会展行业协会、相关政府部门、会展场馆设施方、会展主办方、参展商和观众、相关专业学术团体等。

会展市场调查对会展企业或其他会展营销主体了解会展市场态势,发现市场机会,确定营销目标、营销方式和营销内容具有重要的决策参考价值,是会展企业、参展商和观众制订营销方案,科学进行市场预测的重要前提。在广泛、深入的市场调查基础上,主办方能够充分掌握各种市场信息,尤其是目标顾客和竞争者的信息,以确保会展项目未来具有乐观的发展前景。

(三)会展市场调查的内容

1. 会展活动的营销环境

会展活动的营销环境,通常包括其政治、政策法规大环境、行业及产业发展的经济大环境、会展活动开展的社会文化环境及科学技术条件等,从而根据会展市场营销环境特征分析判断某会展活动项目的可行性和项目前景。

政策法规大环境主要包括国家和地区对会展业及会展主题所涉产业的发展政策、会展营销及组织过程中所涉及的相关法律规范等。

行业及产业发展的经济大环境是指参展企业所属行业及产业的发展现状、趋势及产业信息。

社会文化环境的经济通常包括会展举办地及客源地人们的宗教信仰、餐饮习惯、文化传统、地区间关系的好坏、各种节假日安排等。

科学技术条件包括会展场馆建设和装潢技术、新的布展概念和工艺、先进的会展设备信息等。

2. 会展需求市场调查

会展需求市场调查的主要目的是通过会展市场调查,确定潜在客户的需求,确认目标市场,预测目标市场规模和市场潜力,弄清参展商和观展者的市场行为特征,从而有针对性地为会展市场营销方案提供思路。

3. 竞争对手分析

竞争对手和潜在竞争者的数量、规模和区域分布情况、同类会展的经营状况、竞争能力分析、竞争者在会展市场的占有率、竞争对手的服务工作情况、竞争对手的技术水平和装备情况、同主题品牌的成功经验和失败教训等都是会展企业在进行市场分析时必须要考虑的重要内容。此外,会展企业还要设法调查同类展会特别是重点展会的主题、举办时间、主办机构、展会规模、展品范围、参展商数量及其分布、专业观众的数量及其结构等。只有通过科学的竞争对手分析,会展企业才能够清晰地把握同类展会之间的竞争态势,在知己知彼的情况下,根据自己的实际情况进行与竞争对手有差异的市场营销,以赢得市场竞争,避免恶性竞争。某主办方计划策划实施北京国际手办展会,进行了如表2-3所示的竞争者分析,以此确定展位定位、受众及差异化展览范围。

表 2-3　2020 年北京国际手办展竞争者分析

展览名称	展览时间	展览地点	展览内容	同期活动	展览规模
2019 北京国际潮流玩具展	2019.08.16 至 08.18	北京·中国国际展览中心（新馆）-E1座	泡泡玛特盲盒、葩趣盲盒	集章活动、舞台活动、艺术家现场互动创作	3 万平方米
2019 中国国际手办模型展会	2019.11.29 至 12.01	北京·中国国际展览中心（新馆）	最新限量手办模型、周边限量产品独家发布、手办套件、模型、兵人、雕塑、潮流玩具、IP 衍生品	多文化交流活动及互动体验专区、原创嘉宾纪念会、IP 衍生品论坛	3 万平方米，预计观众 6 万人次
2018 中国国际手办模型展	2018.04.06 至 04.07	上海新国际博览中心	手办套件的展示出售 Wonder Showcase 特选造型师以及先行出售此作家的作品原创造型作品的展示、出售，企业参展，洽谈生产商品，实际表演造型材料	目前没有搜集到相关资料	E1~E3 展出面积是 23 000 平方米
2020 第 60 届日本东京玩具展会 TOYWHOW	2020.06.15 至 06.18	日本东京国际展览中心	益智玩具及游戏、幼教玩具、游艺设备、木制玩具、塑胶非电子玩具、毛绒玩具、嗜好玩具、纸品及玩具包装、电玩游戏、电子及遥控玩具、户外及运动用品、模型机械玩具、动作玩偶及其他	目前没有搜集到相关资料	参展面积 29 280 平方米，共有来自日本及其他国家和地区的 893 家企业，客源量为 207 266 人

除此之外，站在参展商或专业观众的角度，会展市场营销调查的内容还包括：①会展所在地调查，如调查会展城市的区位、资源等条件；②地方相关政策法规，如时空适应性、人们的观念等；③对会展组织者和经营者自身条件和展览服务情况的调查，内容包括对会展企业的人力、财力、物力资源及其整合能力和运营效率的考察；④会展企业及该会展项目过往的会展经营业绩与成效调查；⑤会展企业的品牌形象、行业地位、组织宣传能力及市场影响力、服务内容、价格和安保的调查；⑥会展企业招徕专业观众的能力等。

小阅读 2-2　众多会展项目选址为何青睐乌镇

谈起乌镇，大多数人第一反应这是一座闻名海内外的旅游名镇，小桥流水人家，江南风情十足，让游客流连忘返。但近年来频频出现在新闻头条的乌镇，却不是以"旅游的名义"。从第一届世界互联网大会落户乌镇，到中国乌镇围棋峰会，奥迪、大众新车发布会，中国国际时装周闭幕大秀等，乌镇成为国家、国际和互联网行业内具有影响力的展示区。那么，乌镇作为中国首批历史文化名镇和中国魅力名镇之一，国家 5A 级景区，为什么如此备受会议主办方的青睐？

1. 优美舒适的自然和住宿环境

乌镇的夜晚，或散步街头，欣赏西栅夜景的温婉柔情，或在酒店休闲享受，都能卸下一天的疲惫。与乌镇相邻的乡村旅游度假区乌村,更让人回归自然,农舍、湿地、田野、鱼塘、竹林、菜地、牛羊等,一派田园生活景象。可以提着钓竿,消磨一整日的时光;也可以亲自采摘,品尝"一小时蔬菜";还可以提弓射箭、参加篝火晚会……

2. 多元文化的舌尖盛宴

精致鲜花,绚丽灯光,浪漫音乐……其实乌镇的惊艳除了这些之外,还藏在美食之中。乌镇千年历史的昭明书院,变身室外西餐就餐区;沿街设置长桌宴,千人围炉共品乌镇三白酒、大羊肉。无论是正式宴请还是随意自助,乌镇都将呈上一场不一样的江南味觉盛宴。

3. 个性智能的顶尖会场硬件支持

接待全球政商大佬,提供最优质的会展体验,离不开最顶尖的硬件支持。乌镇西栅景区内共有大小会议室100余个,既有大型多功能会议厅、小型会议室、贵宾接待厅等,更有独特的户外活动场地,设施先进、功能完备,不仅拥有高级的音响设备、高清投影,而且具备同声翻译系统。这样的配置,无论是会场数量、类型,还是容纳人数、设施设备均为国内景区罕见。

2016年世界互联网大会·乌镇峰会正式使用的乌镇互联网国际会展中心,以水为媒,外立面采用260万片江南小青瓦,极具江南特色。会展中心总建筑面积为8.1万平方米,共设置了18个会议室,融入了智能会议、楼宇管理等智慧应用系统。独特的室外空间搭配创意的氛围布置更让活动变得与众不同,气势恢宏的乌镇大剧院结合水乡摇橹船上演时装秀、乌镇互联网国际会展中心的莲池水天一色,会议投影于白墙黛瓦,令人耳目一新……

4. 尽善尽美的会展服务团队

全球会展看中国,中国会展看乌镇。乌镇景区拥有一支专业的会展服务团队,集10年丰富的经验,紧扣客户需求,量身策划,精准定位,完备服务,确保商务活动尽善尽美。乌镇西栅景区自开业至今已成功接待大小会议团队10 000余个,会议数万场,包括国内外政府部门、世界500强企业以及各类年会、研讨会、市场推广会等活动。

2014年,首届世界互联网大会·乌镇峰会落户乌镇,乌镇成为永久举办地。之后3年,百余个国家和地区千余名嘉宾齐聚乌镇,乌镇都以细致、个性化的服务赢得大会嘉宾的一致好评。

(资料来源:根据网络资源整理)

会展市场调查问卷设计

二、会展市场调查问卷设计

问卷调查是在市场调查中经常使用的获取资料的工具,其优点是简单、方便、快捷,在较短时间内可以获得大量数据。问卷的内容一般由一系列清晰明确的问题及简短的答案选项构成。

(一)问卷的基本要素

问卷的基本要素一般包括以下三个部分。

(1)前言。前言主要说明调查的主题、调查的目的、调查的意义,以及向被调查者表示感谢。

(2)正文。这是调查问卷的主体部分,一般设计若干问题要求被调查者回答。

(3)附录。这一部分可以将被调查者的有关情况加以登记,为进一步的统计分析收集资料。

（二）调查问卷提问的方式

调查问卷提问的方式可以分为以下两种形式。

1. 封闭式提问

在每个问题后面给出若干个选择答案，被调查者只能在这些被选答案中选择自己的答案。

2. 开放式提问

允许被调查者用自己的语言来回答问题。采取这种方式提问会得到各种不同的答案，不利于资料统计分析，一般在调查问卷中不宜过多。

（三）调查问卷的设计要求

（1）问卷不宜过长，问题不能过多，一般控制在10分钟左右回答完毕，否则会引起被调查者的反感。

（2）能够得到被调查者的密切合作，充分考虑被调查者的身份背景，不要提出对方不感兴趣的问题。

（3）要有利于使被调查者做出真实的选择，选项内容要清晰，有区分度，答案切忌模棱两可，使对方难以选择。

（4）不能使用专业术语，也不能将两个问题合并为一个，以至于得不到明确的答案。

（5）问题的排列顺序要合理，一般先提出概括性的问题，逐步启发被调查者，做到循序渐进。

（6）为了有利于数据统计和处理，纸质调查问卷要直接被计算机读入，以节省时间，提高统计的准确性。

小阅读 2-3　问卷语句措辞和应注意的问题

（1）问题要提得清楚、明确、具体。

（2）要明确问题的界限与范围，问句的字义（词义）要清楚，不要产生误解，影响调查结果。

（3）避免用引导性或带有暗示性的问题。不要为得到想要的问题答案，诱导人们按某种方式回答问题。

（4）避免提使人尴尬的问题。

（5）对调查的目的要有真实的说明，不要说假话。

（6）需要理解受访者所提供的信息。利用问卷做面对面访问时，要注意给回答问题的人足够的时间，让受访者讲完他们要讲的话。为了保证答案的准确性，将答案向调查对象重念多遍。

（7）不对任何答案做出负面反应，调查者不要显露个人情绪。

调查问卷示例如下。

第×届××展会参展商调查问卷

为改进和完善××展会的各项工作，促进展会长远发展，我们设计了以下调查问卷，感谢您在百忙中参与我们的调查工作，本次调查内容仅限内部参考，您提供的一切信息将对外保密，请放心填写。

单位名称：	
联系人：	联系电话：
电子邮箱：	传真：
所属行业：	展位号：

1. 请问阁下通过哪些途径获悉本届展会的信息：
☐政府文件　　　　☐相关公司传递信息　☐展会网页
☐展会宣传资料　　☐主办单位的邀请
☐报刊及专业杂志刊登的广告、报道　☐协办单位或展览公司的邀请
☐其他展会上获悉　☐朋友介绍　☐电视宣传　☐电台
☐网络渠道　☐商会及其他团体　☐其他,请说明：_____

2. 请问贵单位此次参展的目的：
☐开拓市场,寻找商机　☐展示宣传企业形象
☐寻求合作,促进贸易　☐交流信息,探索市场发展趋势
☐寻求加盟经销商　　☐其他,请说明：_____

3. 请问贵单位是否在此次展会期间建立新的业务联系：
☐是,请注明：_____　☐否

4. 请问贵单位通过本次展会取得哪些成果：
☐提高了知名度　　☐达成项目投资合作意向
☐促进国内外贸易交流　☐达成购销意向　☐建立国际合作关系
☐其他,请说明：_____

5. 在本届展会期间,贵公司收到的客商资料有：
☐0～200份　☐200～500份　☐500～800份　☐800份以上

6. 请问贵公司看中本次展会的哪些亮点：
☐产品和技术展示　☐企业高峰论坛
☐采购说明会　　　☐融资洽谈会　☐专题培训
☐企业合作项目推介活动　☐其他,请说明：_____

7. 对本届展会的综合评价：优秀　良好　满意　一般　不满
市场潜力：优秀　良好　满意　一般　不满
展会日期：优秀　良好　满意　一般　不满
品牌覆盖面：优秀　良好　满意　一般　不满
专业观众组织：优秀　良好　满意　一般　不满
展览场地：优秀　良好　满意　一般　不满
宣传工作：优秀　良好　满意　一般　不满
形象设计：优秀　良好　满意　一般　不满
展位设计：优秀　良好　满意　一般　不满
主办机构服务：优秀　良好　满意　一般　不满
承建商服务：优秀　良好　满意　一般　不满

展馆设施：优秀　良好　满意　一般　不满
8. 请问贵公司是否有兴趣再参加下届展会：
□有兴趣　□否，贵公司最希望增加什么服务：_____
请列举原因：_____
9. 需要组委会进行何种展后服务：
□采购商资料　　□下届展会资讯　　□展会效果总结
□其他个性化服务
10. 请问贵公司认为组委会应该在哪方面加强：
□展会宣传　　　　□展场规划（区域划分、展位布置等）
□活动策划　　　　□展前服务
□现场服务（登记服务、接待服务、资料索取、展位服务）
□安全服务　　□其他配套服务：_____
11. 其他意见：_____

三、会展问卷汇总及分析

会展市场问卷完成回收后，要对问卷进行量化并进行统计与分析。问卷的统计与分析是调查的重点，也是调研工作的难点。同样的统计数据，由于分析方法的不同以及对数据的理解不同，可能会得到不同的结果。

从统计分析的层次划分问卷的统计分析方法，可分为以下两类。

（一）定性分析

定性分析是一种探索性调研方法，主要依靠统计人员对资料的解释，目的是对问题定位或提供比较深层的理解和认识，或利用定性分析来定义问题或寻找处理问题的途径。定性分析的样本一般比较少（一般不超过 30 个），结论的主观性较强，没有任何两个定性调研人员能从他们的分析中得到完全相同的结论，因此定性分析要求分析者具有较高的专业水平。

（二）定量分析

定量分析是指利用已有的数据资料进行量化的数据分析。根据分析方法的难易程度，定量分析可分为简单定量分析和复杂定量分析。会展市场调查一般使用简单定量分析方法，复杂定量分析作为知识拓展内容，在此不再赘述。

简单定量分析是对问卷结果做出一些简单的描述统计分析，如利用百分比、平均数、频数来进行分析。简单的定量分析可以通过统计图来直观地展示，因此掌握利用 Excel 制作统计图十分有必要，如直线图、条形图、饼图、环形图、直方图等。

1. 对封闭性问题的定量分析

封闭性问题是设计者已经将问题的答案全部给出，被调查者只能从中选取答案。

（1）简单分析举例

您认为通用航空展对厦门通航产业发展的重要性：
1. 一点也不重要；2. 不重要；3. 无所谓；4. 重要；5. 非常重要

对于全部45次访问的回答,可以简单地统计每种回答的数目:一点也不重要=2;不重要=5;无所谓=10;重要=13,非常重要=15,可把结果整理成如表2-4所示。

表2-4 通用航空展对厦门通航产业发展的重要性

变量类型	变量取值	频数	百分比	累计百分比
一点也不重要	1	2	0.04444	0.04444
不重要	2	5	0.11111	0.15555
无所谓	3	10	0.22222	0.37777
重要	4	13	0.28889	0.66666
非常重要	5	15	0.33333	1

从表2-4中可以看出分析结果——几乎三分之一的被调查者认为通用航空展对厦门通航产业发展很重要,仅有15.6%的人认为不重要。

(2) 交叉分析举例

交叉分析是分析三个变量之间的关系。例如,调研人员怀疑"参加旅游文化展的需求可能与年龄"有关,但简单分析没有发现两者之间存在的任何联系,当将性别作为第三个变量引进后,发现在男性45岁以下的群体中60%有"参加旅游文化展的需求",而45岁以上者只有40%有这种愿望。但是在女性中结果正好相反,因此,将全部数据混合在一起分析时,年龄与"参加旅游文化展"之间的关系就被掩盖了,而按不同性别分类后,这种隐含的相关关系就被揭露出来,如表2-5所示。

表2-5 按"年龄"和"性别"分类的"参加旅游文化展的需求"

男性年龄		女性年龄	
45岁以下	45岁以上	45岁以下	45岁以上
60%	40%	35%	65%
40%	60%	65%	35%
100%	100%	100%	100%
300	300	200	200

从表2-5中可以看出交叉分析的强大作用,它还可以同时研究多个变量之间的关系,例如,可以再加上收入、职业等各方面来进行比较分析。

2. 对开放性问题的定量分析

开放性问题是指问卷设计者不给出确切答案,而由被调查者自由回答。例如,表2-6是关于为什么不想参加当地的旅游文化展原因的开放式调查结果。

表2-6 你为什么不想参加××旅游文化展

被访问者	回答
1	没时间,以后再说
2	不喜欢参加展会,没意思
3	浪费时间和金钱
4	不安全
5	负担太重,没有钱

如果所有回收的问卷只有这 5 种答案，那么就很容易做出分析概括。可是，一般回收的问卷少则上百份，所以对于开放性问题就可能有几十种甚至几百种答案。对于这几百种答案，就很难进行分析。因此对于这种问题，必须进行分类处理，例如可把不想参加旅游文化展的理由大概分为四类，如表 2-7 所示。

表 2-7　不想参加旅游文化展的理由

理　　　由	百分比/%
时间原因	30
金钱原因	48
安全原因	10
兴趣原因	12

利用表 2-7 中的四种原因，可以进行分析处理，并且从表中很容易看出被调查者的观点。

3．数量回答的定量分析（回答结果为数字）

例如"您在旅游文化展上消费多少钱？"，对于这类问题，最好的方法是对量化后的数据进行区间处理，区间范围很大程度上是靠经验、专业知识来划分。在用区间表示数量分布的同时，可同时使用各种统计量来描述结果，包括平均值、中位数和出现频率最高的值等。

常用的调查数据分析软件工具有以下几种。

（1）Excel 软件

在会展调研中，设计、分析调查问卷和进行简单的数据处理都可以用 Excel 软件，完成表格输入、统计、分析等多项工作。在实际操作过程中，不同的调研对象都可以按照设计调查问卷、问卷结果编码与录入、替换编码生成结果数据库、样本组成分析和特定的内容分析等步骤进行。

（2）SPSS 软件

SPSS(statistical product and service solutions)，即"统计产品与服务解决方案"软件，最初软件全称为"社会科学统计软件包"(solutions statistical package for the social sciences)。

SPSS 的基本功能包括数据管理、统计分析、图表分析、输出管理等。SPSS 统计分析过程包括描述性统计、均值比较、一般线性模型、相关分析、回归分析、对数线性模型、聚类分析、数据简化、生存分析、时间序列分析、多重响应等几大类，每类中又分好几个统计过程，例如，回归分析中又分为线性回归分析、曲线估计、Logistic 回归、Probit 回归、加权估计、两阶段最小二乘法、非线性回归等多个统计过程，而且每个过程中又允许用户选择不同的方法及参数。SPSS 也有专门的绘图系统，可以根据数据绘制各种图形。

（3）Python

在大数据时代，利用 Python 软件可以获取互联网中大量所需信息的数据。Python 网络爬虫通过获取所需求的网址的源码，便于获取数据，请求 URL，获取响应，对网站的内容进行提取,必要的时候需要通过登录网址获取 cookie 进行模拟登录操作,最后获取源码中的指定的数据。

 小阅读 2-3　H5、App 调查问卷

随着现代科技的发展和人们使用移动终端的普及,在线调查问卷受到调查问卷设计者和被调查者的青睐。目前,众多在线调研 App 及 H5 网页层出不穷。例如,微信中调查的小程序有:问卷星、乐问卷、秀赞问卷等;手机调查问卷 App 有:问卷星、乐调查、微调查、问卷在线调查等。答卷者利用碎片时间动动手指就能参与调查,发布者可以免费发布调查问卷,直达用户终端,操作便捷高效,自由控制回收样本数量,并提供专业的统计分析报告。

作为互联网时代的高职高专学生,应学会使用微信 H5 或 App 进行问卷调查的设计、发布、回收分析以及撰写分析报告。

(资料来源:根据网络资料整理编写)

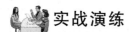 **实战演练**

大交会中参展商和观众满意度调查与分析

大交会全称为"中国(大连)进出口商品交易会",是以东北老工业基地的地理区位优势为依托,以"广交朋友,促进贸易,开拓市场,合作共赢"为宗旨,是中国东北地区规模最大、客商最多、辐射面最广的区域性国际经贸盛会。在 2015 年大交会期间,共发放参展商及观众满意度调查问卷 700 份,收回有效参展商调查问卷 193 份,有效率达 96.5%;有效观众调查问卷 487 份,有效率达 97.4%。通过调查,对参展商和观众对展会的满意度进行如下分析。

一、参展商对大交会各项服务的满意程度

参展商就各项服务开展满意度调研,主要包括观众数量和质量、展会服务质量、展会宣传效果、参展费用、展区划分与设计、配套活动举办、展台搭建服务、展品运输与保管 8 个方面,分非常好、好、一般、差四个维度。据结果显示,参展商对大交会各项服务的满意程度多于不满意程度,但是在有些方面参展商感觉一般的占绝对部分,尤其是在参展费用方面和配套活动的举办方面最为明显。所以总体来看展会仍需进一步提高各方面的服务质量,更好地满足参展商对展会的服务需求。

二、观众对展会现场的各项服务的满意度

通过图 2-1 可以看出,观众对展会现场的各项服务比较满意,尤其是展会现场服务展会展品;但仍有一部分观众对于展会活动的精彩性、参观引导的清晰性等方面评价一般;而对于展会活动的安排观众评价不是很好。可见,大交会应该在展会期间多举办丰富多彩的现场活动吸引观众。

通过阅读材料,请同学们根据当地的产业与文化特色,选择一个会展项目,设计该展会的参展商及专业观众的满意度调查问卷,并完成问卷分析报告。

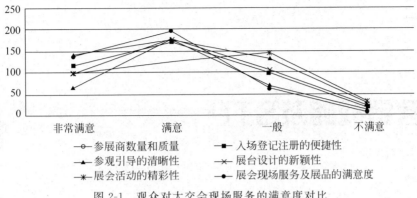

图 2-1　观众对大交会现场服务的满意度对比

模块小结

本模块通过介绍会展营销的宏观及微观环境,重点分析了会展市场中消费者的心理运作过程及影响其购买的主要因素,并分析了会展组织市场的特点。在此基础上,学习会展市场调研的基本要素、问卷设计的基本要素及常用的数据分析方法。

问题思考

1. 什么是会展营销环境?
2. 宏观营销环境包含的内容有哪些?
3. 微观营销环境包含的内容有哪些?
4. 影响参展商参展的因素有哪些?
5. 影响观众观展的因素有哪些?
6. 会议与会者的消费行为主要包括哪些内容?
7. 会展市场调研的目的有哪些?
8. 会展市场调研问卷设计的要求是什么?

模块三

会展营销战略及STP

学习目标

知识目标：
- 了解会展营销战略的基本内容；
- 掌握影响营销战略制定的内外环境因素；
- 掌握STP战略的基本内容。

能力目标：
- 掌握会展营销战略计划的制订步骤；
- 执行会展营销战略计划；
- 运用STP战略进行企业分析。

学习重点
- 会展营销战略的影响因素；
- 企业竞争力评估的内容；
- 市场细分的内容。

学习难点
- 掌握4P营销组合；
- 评定细分市场规模。

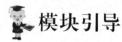

赛事赞助市场的崛起
——我要赞体育有限公司的市场选择

随着会展业的不断发展，一个新的领域迅速崛起，这就是体育赛事活动。在欧美国家，赛事活动早已成为体育产业的重要组成部分，美国的赛事观赏在体育产业中占比约为四分之一。据艾媒数据显示，2015年我国网民对赛事观看需求强劲，其中观看电视、网络、现场赛事的需求占比分别为60.0%、48.3%和46.7%。然而，尽管对赛事活动的观看需求颇为旺盛，我国的赛事活动数量却极少，长期以来体育产业都是以体育用品为主。

2014年，国务院46号文件出台，国家体育总局取消了大部分赛事的审批权，体育赛事的组织、服务、品牌支持等环节回归社会，体育产业面临重大变革。《2016年中国IP行业蓝皮书》指出，到2020年，我国的体育赛事IP市场规模将达到390亿元，在2015年，这一数字仅为118.4亿元。我国的体育赛事市场迸发出强大的生命力。与此同时，新媒体时代的到来为赛事活动转播带来了巨大商机。过去的赛事直播以电视台为主，如今百度视频、搜狐视频等诸多视频媒介迅速崛起，成为进入赛事活动赞助市场的一支新兴力量。赞助商们也一改紧盯央视大门的传统策略，纷纷与这些视频输出媒介展开合作，一片新的蓝海渐渐形成。

北京我要赞体育有限公司正是看到了体育赞助市场的巨大商机，于2016年9月转型为互联网体育产业。该公司致力于在全球范围内寻找拥有体育资源的广告赞助招商，借助互联网搭建体育资源和赞助商之间的服务交易平台，将体育资源与赞助商、营销机构联系起来。目前，该公司已和斯迈夫全球体育大会、高和传媒、路途广告、维宁体育、长路体育、蚂蚁足球、脚本体育、果冻体育、全国街舞执行委员会等业界知名公司、机构达成多项战略合作协议，业务范围逐渐涵盖各种门类赛事的赛事拓展和赞助招商服务。2016年10月31日，该公司于天津股权交易所成功挂牌，标志其成功迈入资本市场的大舞台。

鉴于我国的赛事市场开放时间较短，尽管体育赞助市场的空间巨大，但也面临价值评估体系缺乏的现实问题。为此，我要赞体育有限公司联合中国传媒大学、北京体育大学等院校组成体育赞助价值评估课题组，从多个维度对赛事活动进行评估，尝试建立赛事赞助标准体系。该公司聚焦赛事赞助市场，从赛事拓展、赞助商数据累积和平台建设三方面入手，在这一细分市场上取得了不俗的业绩。

(资料来源：裴超，白星星.中国会展.2017年16期，P35-37；我要赞体育官网，作者整理编写)

思考：结合案例，分析我要赞体育有限公司是如何确定体育赞助这一细分市场的？

任务一　会展营销战略概述

市场营销战略指企业市场营销部门根据战略规划，在综合考虑外部市场机会及内部资源状况等因素的基础上，确定目标市场，选择相应的市场营销策略组合，并予以有效实施和控制的过程。它既立足于企业的长期发展战略，又要随着企业、市场等情况的变化而及时调整。

一、会展企业营销战略制定的意义

企业的发展需要一个长期战略的引导，以明确企业目标，保持企业在不断变化的市场环境中坚持本业、持续发展。这一战略思想既是管理层为企业制定的总方向、总目标及指导思想，同时也是企业区分于其他竞争对手的差异所在。企业的所有经营活动都应紧密围绕这一战略思想展开，各部门应该制订相应的具体计划来保障战略思想的实施，营销部门也不例外。企业的营销战略作为战略思想在营销方面的体现，既服从于企业战略，也为企业战略服务。

会展企业作为独立的市场活动主体，清晰的企业战略是其运作、经营的基础，也是开展市场营销活动的前提。

二、会展企业营销战略类型及影响因素

(一)会展企业营销战略类型

按照计划时间长短,可将会展企业营销战略分为长期战略和短期战略。
(1)长期战略:主要为会展企业确立营销方向及长期目标。
(2)短期战略:多为一年以内的年度营销计划,指会展企业以某项具体会展活动的营销推广为中心而实施的一系列营销活动组合,是会展活动顺利进行的重要保障。

通常,短期战略服从并服务于长期战略,因而会展企业首先需要制定明确的长期战略,确立营销目标及方向。正确的长期战略是会展企业发展的必要条件,短期战略的实施则是会展企业所组织的会展活动顺利进行的重要环节。

(二)会展企业长期营销战略制定的影响因素

1. 外部环境因素

会展企业作为特定社会环境的产物,必然受到其所在的外部环境的影响,主要包括宏观环境、市场情况及竞争者情况三个方面。

(1)宏观环境

宏观环境是会展企业赖以生存的根基与物质基础,对会展企业的发展具有重要影响。这些影响因素又可以进一步细分为经济、政治、文化、技术等因素。该内容在模块二会展营销宏观环境中已详述,在此不再赘述。

(2)市场情况

会展企业的创立、发展都依托于一定的市场情况,因而市场情况也是企业关注的重点。由于会展行业的特殊性,其所关注的市场情况要较一般企业更为复杂。一方面,作为会展行业的一部分,会展企业受到整体行业所处市场情况的影响;另一方面,会展企业的专业活动往往是依托于某些实体经济进行的,因而这些实体经济的发展情况也极大地影响着会展企业的战略制定。为此,本文将从会展业和实体经济两个方面进行阐述。市场情况分析要素如图3-1所示。

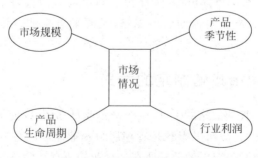

图3-1 市场情况分析要素

① 市场规模。市场规模大小是会展企业进行市场情况探查的第一要素,市场规模越大,对企业的吸引力越大,产品所获得的回报也越大。同时,市场规模大也意味着更多的细分市场机会,可容纳更多不同类型的竞争者。

根据《2020年度中国展览数据统计报告》显示，2020年突然暴发的新型冠状病毒肺炎疫情对于展览业产生了严重冲击。据中国会展经济研究会调查，至4月下旬，全国停办的展会超过3500场，涉展面积超过5000万平方米。下半年疫情缓解，线下展览逐步恢复举办。到年末，全国举办线下展览总数为5408场，展览总面积为7726.61万平方米，虽较2019年分别减少50.98%和48.05%，但中国是全球范围内唯一能够正常举办线下展会活动的国家。2020年，上海举办展览550场，展览总面积达1108万平方米，保持全国展览第一城的位置。深圳举办展览107场，展览总面积达349万平方米，仅比2019年减少14场和46万平方米，成为国内降幅最低的大型展览城市。由此可见，新会展中心的投用以及大型项目的聚集对于深圳展览业的高质量发展产生了重要作用。最早恢复线下展会的长沙市，以展览202场、展览总面积246万平方米的成绩排名全国城市第7位，较2019年上升4位。例如，在行业性展览中，以乘用车为主题的汽车展览数量最多，达580场，占行业类展览总数的19.44%，较2019年减少238场，降幅达29.1%，展览总面积997万平方米，占行业类展览总面积的16.43%，较2019年减少674万平方米，降幅达40.34%。其次为家装、糖茶酒及饮品。

② 产品生命周期。根据产品所处的不同市场情况，可以将其划分为不同的生命周期：产品导入期、成长期、成熟期和衰退期。导入期和成长期是企业发展最快、收益不断增加的阶段，对于企业而言具有较强的吸引力。一旦进入成熟期后，企业发展渐趋稳定，只能尽力保持现有市场份额，难以继续扩大。衰退期的企业则面临逐渐被淘汰的命运，企业也会及时转型以寻求新的发展机会。

③ 产品季节性。很多产品在生产、销售上会受到季节性的影响。作为服务型产品，会展活动本身所受到的季节性影响较小，更多的是间接地受到其所涉及产业的季节性影响，而产业的季节性特征则往往会导致会展活动时间集中在某一段时间范围内，彼此间形成竞争。尽管上至全国、下至地方都举行不同规模的农博会，但时间大都在每年9—11月，是因为此时恰好是农作物丰收、新产品上市的时候。

尽管季节性因素难以改变，但会展企业应充分考虑其所导致的同类型会展活动扎堆的问题。此外，会展目的地受气候季节性因素影响较大，我国较为发达的会展城市多在南方，一方面是由于南方地区经济整体较为发达，另一方面也是季节因素所致，冬季北方地区气候寒冷，室外活动多有不便，这在一定程度上限制了北方地区会展业的发展。

④ 行业利润。不同行业的利润率有较大差异，企业总是希望进入利润率较高的市场，即使意味着投入更多的资源，但是其收益也更为可观。会展业目前仍属于利润率较高的行业，但由于涉及展览、会议、节事活动等多个领域，且企业状况各有不同，因而利润率水平差异较大。

(3) 竞争者情况

除了极少数垄断性行业之外，对于大多数行业来说市场都存在数量众多、规模不一的竞争者，会展行业也不例外。因此，会展企业首先应该对这些竞争者进行有效识别，搜集信息对其进行深入分析，从中选择对自身最具有威胁力的竞争者，然后尽量全面地了解竞争者情况，重点关注以下几个问题。

- 竞争对手的目标是什么？
- 竞争对手为实现目标采取了哪些策略？取得了怎样的成绩？
- 竞争对手实施策略的能力如何？

- 竞争对手未来可能会采取什么策略？

资料搜集与分析工作是竞争者分析的基础，通过大量的资料搜集来了解竞争者情况，与本企业进行对比，可以对彼此的力量对比有清晰的了解，帮助企业预测竞争对手可能的战略选择，作出有利于自身的决策。

对于会展企业来说，企业竞争力评估是涵盖会展品牌、人力资源、管理能力、市场能力及创意和设计能力等多方面的综合比较。其中，会展品牌是会展企业的核心，是会展企业在市场中的影响力之源；人力资源是会展企业软实力的根本；管理能力与市场能力则决定了会展企业能否在同类展会竞争中获取优势。大多会展企业在这些方面往往是互有优劣，但是通过细致区分各自的优势所在，可以帮助企业认清形势，做出对自身最佳的选择，并对竞争者所可能采取的战略有较为可靠的预测。

会展行业所涉及内容比较广泛，此处以展览业为例，简要介绍我国目前影响力较大的部分企业。中国会展经济研究会对2018年我国会展品牌从组展、搭建、场馆等方面进行了评比，结果如表3-1所示。

表3-1 2018年会展品牌排名前十

名次	办展机构办展规模前十排名	单展规模前十排名	展馆利用率前十排名
1	中国对外贸易中心	第123届中国进出口商品交易会（春季）	上海新国际博览中心
2	UBM	第123届中国进出口商品交易会（秋季）	中国国际展览中心新馆（顺义馆）
3	法兰克福	2018第41届中国（广州）国际家具博览会	深圳会展中心
4	励展	第75届中国国际医疗器械（春季）博览会	上海世博展览馆
5	汉诺威	中国国际纺织面料及辅料（春夏）博览会	广州市保利世贸博览馆
6	中华人民共和国商务部	2018中国（上海）国际家具博览会	郑州国际会展中心
7	上海华墨展览服务有限公司	CHINAPLAS 2018国际橡塑展	中国国际展览中心老馆（朝阳馆）
8	振威展览股份有限公司	上海国际汽车零配件/维修检测诊断设备/服务用品展会	中国进出口商品交易会展馆
9	慕尼黑	2018第25届广州国际酒店设备用品博览会	长春国际会展中心
10	塔苏斯	2018第20届中国（广州）国际建筑装饰博览会	成都世纪新国际会展中心

由表3-1可知，我国会展行业在组展和会展中心打造方面已经取得了较为明显的成绩，但搭建仍是目前市场中较为薄弱的环节。现在大多数会展公司都属于多范围经营，会议策划、承办、组展、搭建等各方面业务一把抓，但随着会展行业专业化程度的不断加强，除了实力较为雄厚的大型会展企业仍能保持其"大而全"的规模外，对于中小型企业而言，选择某一方向进行专业化发展将是必然的选择，而随着会展业的持续发展，会展搭建方面的市场也将持续扩大。

2. 内部环境因素

（1）企业使命

企业使命应该是员工对企业目标、方向和机会达成的共识，并通过文字的方式确立下来，为管理人员、员工和顾客而共享，通过大家的共同努力来促使其实现。会展企业以提供服务为本质，有效而清晰的企业使命可以使员工对会展企业的目标、方向和机会达成共识，有助于企业文化的培养。通常，有效的使命声明需要满足以下几点。

① 要确立焦点。言简意赅地指出会展企业发展的焦点方向。

② 具有持久性。企业使命是企业的根本所在，是企业存在的意义，也是企业未来的发展目标，一旦确立，就应保持其持久稳定，不能经常变换。

③ 要使企业使命与品牌相结合。会展企业发展过程中，往往会有多个品牌展会，但是企业品牌仍是会展企业的核心要素，企业所打造的品牌展会都应与自身品牌形象相符。

小阅读 3-1　华为的愿景、使命与战略

1987年，华为技术有限公司在深圳注册成立。华为是全球领先的ICT（信息与通信）基础设施和智能终端提供商，致力于把数字世界带入每个人、每个家庭和每个组织，构建万物互联的智能世界。目前华为有18.8万员工，业务遍及170多个国家和地区，服务30多亿人口。

1. 无处不在的连接

人类将进入万物感知、万物连接的智能世界，而连接是智能世界的前提和基础，也是每个人的基本权利。华为努力连接未连接的人、家庭和组织，促进宽带和超宽连接的普及，并推动连接智能化，实现网随人动、网随物动，并支持不同带宽、时延的需求，实现用户期待的一致性和以人为本的业务体验。围绕个人、家庭和组织三大场景，实现人与人、物与物以及人与物的万物互联，聚焦用户体验需求，实现连接智能化，网络主动感知变化和需求，智能、随需、无缝、安全地连接个人、家庭和组织。

2. 无所不及的智能

人工智能是一种通用技术，其触发的产业变革将涉及所有行业，甚至彻底颠覆某些行业。人工智能还将改变每一个组织，提升组织效率，降低运营成本。人工智能也会给每个家庭、每个人带来创新的体验，而这种改变才刚刚开始。人工智能将渗透到方方面面、无所不及。各行各业、各种产品解决方案，以及各种组织运作和业务流程，都将注入人工智能，深刻改变其运行过程和价值创造模式。数据、算力和算法所驱动的人工智能将成为数字世界价值创造的引擎。根据华为GIV预测，到2025年，全球个人智能助理普及率达90%，智能服务机器人将步入14%的家庭，企业对AI的采用率将达86%。

华为全栈全场景的AI解决方案，正在从理念到战略、从芯片到应用、从面向消费者（HiAI）到面向企业（华为云EI），以及面向运营商的自动驾驶网络（SoftCOM AI），从技术到商业和生态，一步一个脚印地来实现无所不及的智能。

3. 个性化体验

物理世界与数字世界在加速深度融合，规模复制的工业化生产迈向规模定制的个性化体验，不断催生企业创新、推动生态协同和更丰富的个人体验。

未来的智能终端都将可以实时在线、自然交互、懂你所需、服务直达。基于云端、网络和终端芯片的无缝协同,更多沉睡的终端将被唤醒,从即插即用走向即插即慧。华为GIV预测,2025年,个人智能终端数将达400亿,20%的人将拥有10个以上的智能终端;企业对数据的利用率将达到80%;同时,86%的企业将应用人工智能,AR/VR等应用将达4.4亿,激发个人、家庭以及组织的创新。

华为基于智能终端在硬件、软件上结构化、标准化的特性趋势,通过连接、视觉、听觉、触觉、感知,以及语言和大脑能力的模块化组合,就像搭建积木一样灵活便利地部署智能终端,让人类的数字感知超越物理世界的局限。企业能够基于AI、云等新技术,深刻洞察客户需求、敏捷创新,提供更加客户化的体验;产业通过整合协同推动规模化创新。

4. 数字平台

随着在个人和消费数据基础上视频数据和工业数据的不断加入,越来越多源、多形式,并相对孤立的数据需要数字平台来整合、连通。同时,伴随云、AI、大数据等新技术的不断涌现,对新技术的驾驭和整合成为当前企业数字化转型面临的共同挑战。企业需要在战略、组织、流程、营销、服务、产品生产、研发等方面调整适应变化。强大的数字平台将帮助企业整合驾驭新的技术,快速迭代,敏捷业务创新,应对新的竞争和变化。

数字平台是数字化转型成功的核心引擎。组织的办公楼、厂房、生产线、水电设施是组织运营所必需的物理平台,信息技术的出现,使组织实现了对物理平台的高效管理,提高了组织运营的效率,即数字化。同时,互联网、云计算、人工智能等先进信息技术改变了组织的运营方式,创建新的业务模式,这一过程即数字化转型。这些IT系统及相应的运营方法构成了组织的数字平台。

华为联合生态伙伴,提供领先创新的数字平台解决方案,以及构建数字平台的技术和产品,帮助客户打造开放、灵活、易用、安全的数字平台,使客户实现数据融合、业务协同与敏捷创新,助力客户数字化转型成功。

(资料来源:华为官网资料整理)

(2) 企业资源

在我国,通常以"职工人数200人以下,或销售额3000万元以下,或资产总额为40 000万元以下"作为判断企业规模是否为中小企业的标准。按照这一标准划分,我国的会展行业中大多数都是中小型企业,既具有"船小好掉头"的优势,也意味着大多数会展企业的资源是相当有限的,因此营销战略的制定,尤其要集中优势资源,做到有的放矢。

会展企业的资源既包括其所能动用的物质、财务资源,还包括其拥有的人力资源以及各种技术和专业技能,这些资源的丰富程度极大地影响着企业营销战略的制定。与此同时,所有企业的资源都是有限的,各部门都希望能获得更多的资源展开工作,因而在资源的分配中既有各部门的竞争,也有相互妥协。在制定营销战略时也需要充分考虑到这一因素,确保营销部门可以争取到足够的资源。

会展行业以服务来创造价值,而服务是由员工来提供的,这就意味着人力资源是企业最重要的资源,会展企业之间的竞争就是人的竞争。一方面,员工的高素质可以保证其能够更好地把握市场变化,提供更切合市场需要的会展产品;另一方面,会展企业对员工的要求较高,拥有一支专业化的员工队伍对于会展企业的成功具有决定性作用。

我国拥有较好的人力资源基础,基数大且受教育程度较高,但是会展专业人才十分缺乏。尽管这一问题已经受到了普遍重视,各层次的相关教育在不断完善中,但专业人员的培养需要时间、无法速成,这在一定程度上制约了我国会展业的发展。

三、会展营销战略计划的制订与执行

(一)营销战略计划的分类

1. 营销战略计划

会展营销战略计划是企业实现目标的重要部分,通常主要包括以下四大方面。

(1) 产品(product)。产品是指有形的实体展会及无形的会展品牌及会展服务等,主要包括各种政治性、学术性、文化性展会,以及经贸展会、各类型会议、各主题节庆活动、各类会展品牌及各种会展服务等。

(2) 促销(promotion)。促销是指会展企业运用广告、人员推销、营业推广等手段激发潜在展商参展意愿,同时通过各种传统及新型宣传手段,吸引观众参观。

(3) 价格(price)。价格包括会展产品(有形展会及无形服务)的基本价格、折扣、批量优惠、附加交易、付款时间等基本内容,是会展产品的重要组成部分。

(4) 渠道(place)。会展产品的销售渠道主要有直接销售、代理销售等。

这四个方面被统称为4P营销战略,概括了会展企业营销过程中的主要因素,对营销活动具有重要的指导意义。随着营销活动的不断发展,现在的营销战略所涉及的内容进一步扩大,增加了人员、流程、项目、绩效等因素,这四个因素又被称为新的"4P"。

(1) 人员(people)。人员包括完成会展项目的人员素质、能力、态度等。

(2) 流程(process)。流程包括会展项目营销活动的策划及实施的过程。

(3) 项目(program)。将会展企业与消费者发生关系的活动视为一个整体,把传统的4P和一些新兴的营销活动结合在一起,共同实现营销目标。

(4) 绩效(performance)。绩效包括从财务和非财务两方面对会展企业营销活动进行的指标性考核。

现代经济的发展使得营销的手段越来越多元化,传统的4P作为营销战略选择的基本内核仍在发挥重要作用,而新的4P也在不断发展。会展企业的产品以提供服务为主,这一特点使得其在营销方面与传统企业有着明显不同。无论哪一种营销战略,其最终目的都只是为了更好地实现营销目标。

2. 战术营销计划

战术营销计划是指会展企业在决定了目标市场、市场定位后,对企业可以控制的营销手段进行的组合或策划。它是在做什么已经确定的情况下,决定如何做的问题。通常的战术营销计划主要体现在会展项目的具体实现阶段,会展企业需要根据不同阶段项目的推进,确定自己的具体目标及实现方式。营销目标的制订应多用可量化的方式来描述,便于计划实施后分析实施效果。

(二)制订营销计划的步骤

1. 情景分析

情景分析是为了让会展企业对其所处的内外环境有一个全面而清晰的了解和把握,具

体内容包括企业所处的宏观环境、市场状况、竞争状况等,同时要对会展企业所面临的机会与风险进行分析。

2. 确立目标

通过情景分析,会展企业可以判断出最好的发展机会,同时对这些机会进行排序,由此来确定目标市场,设立具体目标,并制订完成计划。确立目标是营销战略的核心内容,目标要尽可能地详细,尤其需要用数量化指标来体现,例如"市场占有率达到15%"等。同时,目标也要合理、实际,实践表明最好将目标定的略高,以保持其具有一定的挑战性,以更好地激励企业上下一起共同努力。在具体制订中,还要注意以下两方面。

(1) 营销目标。会展营销战略的制定最重要的就是确立清晰、可衡量的营销目标,如参展商数量、展位销售收入、展会成交额、会展项目所占市场份额等。

(2) 财务目标。通常的营销战略往往集中于实现营销目标,但财务目标是隐藏在营销目标之后更重要的内容,如利润额、利润率、投资回报率等。通常财务目标应该与营销目标联系在一起,如果会展企业实现营销目标却未能带来良好的财务目标,说明企业营销战略是有缺陷的。

3. 制定战略

会展企业营销目标的实现有多种方式,战略制定的任务就是要选择最高效的方式来完成目标。制定营销战略,包括进行市场细分、选择目标市场、完成市场定位及结合多种营销手段制定营销组合等,该部分内容将在下一节详细介绍,此处暂不赘述。

4. 制订营销战术

完整的营销战略由多个营销战术组成,营销战术更为详细地表明为了实现战略目标,企业将在产品、渠道、定价和促销等方面所采取的具体营销计划,以及为了实现这些营销计划企业的人员分配及时间表。简言之,营销战术作为具体的行动计划,要包括以下几方面的具体内容。

- 要做什么?
- 何时开始?
- 何时完成?
- 谁来负责?
- 成本多少?
- 如何操作?

这六个方面包含了营销战术进行的时间、人员、所需资源及如何执行的问题,好的营销战术既要有较强的可操作性,又要使工作人员对该计划的实施及其可能带来的后果具有清晰、准确的预测。

5. 制订预算

预算是会展企业为了达到既定目标而预计要花费的成本,合理的预算是营销战略制定中一个不可忽视的因素。一方面,通过制订预算可进一步将生产成本、销售成本及营销活动费用等各项支出详细列出,预计支出总额;另一方面,预计营销目标实现后所能带来的销售量与销售收入,从而确认该项营销计划是否合理。

6. 控制营销过程

与营销计划的制订相比,营销过程的控制与管理是更为重要的工作。会展企业必须建立有效的管理机制,在执行营销计划的过程中进行实时检查和控制,以监督计划的实施,及时掌握计划完成情况。通常,由于会展活动时间跨度较长,其营销计划按时间跨度可以分为月度、季度和年度计划,企业管理层或会展项目负责人应对各时间段的营销计划执行情况按期核查,检查营销目标的实现情况,及时进行经验总结,对于未完成目标的情况,则要及时查找原因,找出问题所在并提出改正方案,以确保营销目标的最终实现。

由于市场环境复杂多变,营销计划的执行面临诸多难以预见的问题,因而对于营销过程的控制就显得尤为重要。有效的控制是以营销目标为核心,适时调整资源配置,尽力促成原定计划的实现,而不能轻易推翻营销计划。

(三)营销计划的执行

优秀的营销计划不仅要能明确做什么、怎么做,更要能做成,只有成功的执行,才能将计划变为现实。执行营销计划必须不折不扣地按照计划内容、严格按照计划进度、保质保量地完成工作任务,这既要求执行人员具有良好的工作能力,也需要企业建立完善的监督机制来保障计划的实施。

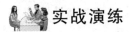

实战演练

奢侈品展会的会展营销策略

奢侈品是超出人们生存和发展需要的一种消费品,有独特、珍奇、稀缺等特征,所以又可以称之为非生活必需品。它面对的消费者群体是社会中比例不高的一些高端人士。笔者从资料收集到实地调查,不断地吸取总结国际奢侈品会展营销的经验,为国内的奢侈品展览提高展会规格提供了新的思考。

1. 奢侈品展会的营销要素分析

(1)产品分析

会展营销的实质是以有形的展位为依托,以无形的服务为销售内容的一种营销方式,所以它的产品有无形和有形之分。

① 有形产品。有形产品分为展位类型和有形展示两个方面。

展位类型分为标准展位、特装展位和组团展位三种。标准展位是指组展商首先规定了展位面积,然后对展位进行统一布置。特装展位是指展位由组展商提供,而参展商可以自己选择展位大小,根据公司的形象还有展品的需要设计自己的展位。组团展位是指组展商在展会比较集中的地方进行展会,让参展商以团队的形式,对展位统一进行布置。这三种类型的展位所针对的参展商是不一样的,标准展位主要侧重销售;特装展位主要侧重企业形象,宣传自己的产品;组团展位主要是某个国家或某个地区的。

有形展示是指展会现场的各种配置,如展会的布置、清晰的指示系统等。在布置展会时,组展商要结合奢侈品的特性营造出高雅的氛围,让参观者可以近距离地接触展品,给他们留下深刻的印象。在展会现场的配置中,有咨询处、洽谈处、休息区、支付区和新闻中心等,虽然都是一些面积较小的区域,但是对展会来说会起到十分重要的作用。

② 无形产品。无形产品是指展会中的服务。例如,国际性的珠宝展会是一个大型的展会,其中服务就是需要通过各个方面配合协调的一个系统工程,包括现场咨询、办理手续、巴士接送、保安服务等。奢侈品展会是面向高端客户的,所以展会中服务的技术含量,还有增值服务是尤为重要的。

(2) 价格分析

要保证展会的方案顺利实施,根本保证是科学合理的展位价格体系和严格的展位价格管理。奢侈品组展商在定价时,不仅要考虑展位的价格、折扣、付款条件等绝对指标,还要考虑参展商对展会的性价比、认知价值等相对指标。

(3) 渠道分析

营销渠道是指组展商策划和设计好会展项目以后,展位被参展商认购的途径。奢侈品展会可以通过直接和间接渠道进行营销。直接渠道营销主要是和行业内的知名企业建立良好关系,间接渠道营销主要是和行业协会或者代理机构建立良好关系。另外,地缘上的可达到性也和营销渠道有不可分割的联系,它不仅仅指地理上的,还有传达的方式,包括营销渠道的覆盖范围和信息达到的难易度等,所以奢侈品展会一般都会选择在上海、纽约等信息发达并且交通便利的大城市举办,这样可以吸引更多的目标客户来参展。

(4) 促销分析

展会营销的促销方式可以通过人员、电话、广告和公关方式等,这些因素对招展招商有直接的影响,而奢侈品展会的主要促销方式是报纸杂志和网站等大众媒体。

2. 奢侈品展会的营销策略

通过以上对会展营销要素的分析,奢侈品展会可利用多种会展营销策略保证展会的顺利开展,笔者总结出以下四种营销策略。

(1) 科学规划展区,突出行业特性

第一,按产品类型进行划分。以珠宝展会为例,组展商可以将珠宝分为翡翠、钻石、金饰、银饰等,让参观者有目的性地进行参观。第二,按行业类型进行划分。在珠宝展会上,有珠宝商家,还有其他相关行业,如珠宝鉴定、教育培训等,组展商要把这些展位与珠宝商家分开,满足参观者的不同需求。第三,按产品档次进行划分。组展商要将侧重展示的高端产品和侧重销售的一般产品分开展示,高端区主要是渲染奢华的气氛,一般区主要是进行销售,促进交易的完成,从而满足不同参展商和参观者的个性化需求。

(2) 招揽实力客户,提高展会规格

一是招展有实力的参展商。组展商通过价格等营销策略招展一些有实力的参展商,这些参展商可以提高展会的规格,为展会注入强大的力量,还可以帮助吸引更多的参观者。二是邀请有潜力的买手。组展商不仅要邀请业内人士,保证展会的活跃氛围,也要通过推广活动邀请有潜力的参观者,主要包括行业协会会员、海外买家和高档次的零售商等。

(3) 开展公关活动,树立品牌形象

组展商在前期不仅要运用传统的促销手段,还要开展一系列的公关活动吸引更多的人来参加。常见的公关活动有奢侈品展会开幕式、专家和贵宾邀请、新闻发布会、珠宝拍卖会等。

(4) 管理客户关系,保持持续发展

组展商在前期要对参展商进行相关信息登记,在展会中对参观者进行相关信息登记,在后期对参展商的业绩和客户的满意度进行跟踪调查,为以后的展会提供有价值的数据参考,可以更好地为客户提供个性化的服务,提高他们的满意度,保证展会的长久持续性发展。

问题思考:请分析奢侈品展会的4P营销策略。

任务二　会展STP营销战略

STP营销战略是当前营销理论的核心内容,其中S、T、P分别是Segmenting、Targeting、Positioning三个英文单词的缩写,分别代表市场细分、目标市场和市场定位。市场细分(market segmentation)的概念是美国营销学家温德尔·史密斯(Wendell Smith)在1956年最早提出的,此后,美国营销学家菲利浦·科特勒进一步发展和完善了温德尔·史密斯的理论并最终形成了成熟的STP理论——市场细分、选择适当的市场目标和定位,它是战略营销的核心内容。STP理论是指企业在一定的市场细分的基础上,确定自己的目标市场,最后把产品或服务定位在目标市场中的确定位置上。

一、会展市场细分

(一)会展市场细分的含义及选取标准

市场细分是指企业根据自身条件和营销目标,以需求的某些特征或变量为依据,区分具有不同需求的顾客群体的过程。

会展市场细分是指会展企业根据其目标顾客——参展企业及目标观众在需要、爱好、购买动机、购买行为、购买能力等方面的差异,把整体市场划分为若干个不同类型的子群体的过程。广义的会展定义——MICE本身就是几个细分市场,即Meetings(会议)、Incentives(奖励旅游)、Conferencing/Conventions(大型企业会议)、Exhibitions/Exposition(展览)和Event(节事活动)的结合,它们之间既有联系,又可以说是各自独立的细分市场。

对于每一个会展企业而言,还需要面临选取哪些细分市场开展会展活动、提供服务的问题。目前会展企业选取细分市场的方式主要有以下几种。

(1)以产业、行业为选取细分市场的标准。这是由会展行业服务实体经济的本质决定的,也是国内外会展企业选取细分市场的常用标准。考虑到国内会展活动长期以来形成的与行业协会、商会等联合办展的实际情况,这样的划分标准操作较为简单,有利于会展企业展开营销等活动,然而也带来了展会重复、难于创新的问题。

(2)以政策为导向来划分。这主要体现在政府主导型展会项目中。由于某一政策的提出,具有较大的市场价值,但是其所涵盖的领域超出了某一产业、行业的范围,例如,近年来随着我国提出"一带一路"发展战略,以其为核心的展会活动迅速兴起,"一带一路名品展"、绿色丝绸之路国际论坛等活动纷纷涌现。据《2019年度中国展览数据统计报告》指出,2019年,在中国境外自主办展的79场展览中,有61场在"一带一路"沿线国家举办,占77.21%,展览总面积40.67万平方米,占中国境外自主办展览总面积的77.03%。中国在"一带一路"沿线国家举办展览的机构共20家,占出境自主办展组展机构总数的83.33%。其中,米奥兰特国际会展、商务部外贸发展事务局和中国机电产品进出口商会的办展面积位列前三,分别占36.18%、14.12%和6.49%,如表3-2所示。

表 3-2 2019 年中国境外自办展服务"一带一路"项目办展主体前五

序号	办展单位名称	展览数量/场	展览面积/万平方米	占总面积比例/%
1	米奥兰特国际会展	21	19.11	36.18
2	商务部外贸发展事务局	9	7.45	14.12
3	中国机电产品进出口商会	5	3.42	6.49
4	中国国际商会	4	0.86	1.64
5	广东潮域展览有限公司	3	2.28	4.31

(3) 以某一主题概念来划分。以文化、人文类展会为主,通过提炼展会核心思想而对不同类型的展品进行整合,集中反映其共性特点。这一方法也较多地应用于会议领域,例如以"客户体验管理"为主题的论坛活动正在全球多地展开。

(二) 市场细分的程序

1. 选定市场范围

会展企业根据自身的经营条件和经营能力确定其要进入的市场范围,这是企业创立初期即要明确的问题,在企业发展过程中则要不断根据市场及企业自身情况的变化做出调整。

对于会展企业而言,如果以组织举办展览、会议等业务为主,首先需要对国民经济的各产业、行业进行深入分析,明确不同产业、行业目前状况及发展趋势,选择具有良好发展前景的新兴行业举行会展活动。尤其应注意的是,以市场的需求而不是自身的偏好来选定市场范围,同时要考虑行业、产品是否适合企业自身情况,能否充分发挥自身优势,并保持较强的竞争力。

根据 2017 年《国民经济行业分类》统计,我国的国民经济共分为 20 个门类,97 个大类、473 个中类、1380 个小类。对于会展企业而言,从这一分类标准中选取部分有兴趣的市场进行深入了解,不失为一种确定市场范围的好方法。

在选定市场范围之后,还应进一步确定市场细分变量。

(1) 应尽可能详细地了解会展行业潜在顾客的基本需求。会展行业的主要潜在顾客为参展商与专业观众,他们是决定展会成功与否的关键因素。在确定行业范围之后,应针对这部分人群展开调研,了解其规模大小、需求强弱,从而确定是否具备举行会展活动的条件。

(2) 分析潜在顾客的需求,了解参展商和专业观众对于展会的需求有哪些,他们的参展目标分别是什么,通过哪些方式可以满足他们。通过对所列举的需求进行总结分类;或者按照不同变量对顾客进行分类,也可通过调查问卷的方式进行深入的市场调查,从而进一步明确顾客的需求。

(3) 提取潜在客户的共同要求,将这些要求作为确定市场细分的标准。展会的举办必然兼具多种职能,通过对市场的分析了解共性需求,并以此为中心开展会展组织及营销活动,是会展项目成功的基础。

我国的会展行业兴起较晚,经过了 20 多年的高速发展后取得了较大发展。以展览业为例,展览场馆的面积已经超过号称"世界会展之国"的德国,成为全球第一,每年所举行的展会数量也在稳步增加,会展企业之间的竞争进一步加剧。在此情况下,进行更加精确的市场划分、集中企业资源进攻最具优势的细分市场成为企业下一阶段争夺的重点。

2. 初步划分市场

会展企业通过分析市场及潜在顾客的信息，初步确定其会展产品的行业范围，然后对该行业进行进一步分析。众所周知，行业是由企业构成的，在同一行业内企业规模、类型、产品等方面亦各有不同。会展企业应从企业的差异性需求出发，结合其利益需要展开研究，对行业市场进行细分，区分有效和无效的细分市场，选定有效的目标细分市场。例如，对于行业内大、中、小型企业的需求进行分析，区分外资、合资、国企、私企等不同性质企业所面临的实际需要，从中选择具有共性、能最大程度吸引大多数企业参展的细分市场展开会展活动。

3. 复核细分市场

完成细分市场划分后，还要进一步对所选择的市场进行调查研究。会展企业应通过调研充分了解行业规模、企业数量、潜在需求，认识细分市场所具有的特点，以及需要对哪些特点做进一步分析研究等。如发现该市场中有一些不符合企业预期的因素，或者有较大的潜在问题，则应重新考虑细分市场的选择，只有经过仔细复核后，确认各因素均符合企业需求的，才可以确认为细分市场。

4. 初评细分市场规模

(1) 确定产品的潜在购买者和使用者。活动性质不同，其购买者也不同。对于大多数B2B的展会而言，其潜在购买者和使用者主要是企业；对于B2C的展会来说，则主要是普通消费者。

(2) 确定潜在顾客人数。我国一直以来都被视为全球市场中最重要的一部分，这是以其庞大的人口基数作为基础的。对于B2B展会而言，这一数量主要由行业所拥有的企业数量决定，充分竞争性经济领域大多企业数量较多，有良好的市场基础。我国的行业门类较为齐全，且经过多年发展，大多数行业都已建立起行业协会，因此以行业为主的细分市场规模可以结合行业协会的信息进行初评。对于B2C会展而言，则需要对消费者进行进一步了解，确定其数量。需要注意的是，产品的购买者并不一定是其使用者，例如大多数儿童用品都是由父母来购买的。

(3) 估计购买率或参展率。购买率可以通过调查或其他研究所获得的平均购买率来确定，或者根据同类展会的参展率来估计。

市场潜力等于潜在顾客数乘以潜在使用频率，通过这样的简单估算，可以初步确定市场规模，了解参展企业数量、规模等。

显然，对于不同细分市场，企业需要根据行业发展程度、企业数量、参与热情、会展活动吸引力等方面进行综合评估。尽管初评细分市场的规模并不完全准确，但可以为企业选择目标市场提供重要的参考，也是会展企业作出决策的重要依据。

二、会展目标市场

对细分市场进行识别及分析可以帮助会展企业更好地了解市场情况并作出决策，但在将这一细分市场确定为目标市场之前，企业仍需要结合自身的目标及所拥有的资源来进行衡量。尽管有的细分市场很有吸引力，但是如果与企业的长期目标不符，或者说企业并不具备在该细分市场立足所必须具备的资源和实力，那么企业仍只能放弃这一市场。只有那些有利于企业长期发展，与企业战略相吻合，同时能发挥企业竞争优势的细分市场才能成为会展企业的目标市场。

会展企业目标市场的选择需注意以下方面。

(1) 市场规模及发展潜力。通过对细分市场的调研,会展企业已经对细分市场有了较为深刻的了解,这些信息是进行目标市场选择的基础。通常会展企业都会选择拥有较大市场规模,且发展潜力较大的行业作为其目标市场,这也是最为明智的选择。但是随着会展业的不断发展,这样的市场大多已经被会展企业瓜分殆尽了,因此会展企业需要着力去发掘一些当前市场规模尚不够大,但具有较大发展潜力的市场作为其目标,耐心培育市场。

(2) 企业的目标及其拥有的资源。由于大多数会展企业规模较小、资源有限,因而适宜选择利润率高但较小的细分市场作为其目标市场。对于规模较大、实力雄厚且具有较多高素质人才的会展企业来说,可以选择较大的细分市场,而不是多个较小的细分市场。如果要进入多个细分市场,则最好是分阶段性地完成,每次只进入一个细分市场,确保一段时间内能集中优势,提高企业和产品的知名度,迅速在市场中立足,并保持在该市场的优势地位和竞争力。此外,考虑到会展活动本身易于复制,且在知识产权维护方面存在较大困难,企业应集中优势迅速占领市场。

在STP战略中,选择目标市场是非常关键的一步。因为目标市场的选择确定了会展产品的性质。如果企业做出了错误的选择,则选择的目标市场过于狭窄、缺乏足够的市场支撑,即使营销手段再高明,会展活动也难以成功。因此,目标市场的选择应该十分谨慎,同时应具有一定的稳定性,频繁地变换目标市场会使企业看起来无所适从。当然这并不意味着目标市场一旦确定就不能改变,当市场、企业的内外条件发生变化时,目标市场也应当适时做出调整。

目前我国整体经济形势向好,且有较好的产业基础,国内大力提倡会展业发展,对于广大会展企业来说,充分发挥自身优势,选择恰当的目标市场、占领市场制高点是其成功的关键。

三、会展市场定位

市场定位这一概念是由美国营销学家艾·里斯和杰克特劳特在1972年提出,其含义是指企业根据竞争者现有产品在市场上所处的位置,针对顾客对该类产品某些特征或属性的重视程度,为本企业产品塑造与众不同的、给人印象鲜明的形象,并将这种形象生动地传递给顾客,从而使该产品在市场上确定适当的位置。企业进行的市场定位既要定义产品,也要传达出品牌之间的相似点和差异点。

会展企业的市场定位,是会展企业在目标市场消费者及潜在消费者的心目中塑造产品、品牌或组织的形象或个性的营销技术,其目标在于将会展品牌留在消费者心中,使得消费者产生需求的时候自然而然地想到该会展企业的产品。在市场定位的过程中,企业既要表现并非品牌独有的、与其他品牌共享的属性,还要准确表达自己与竞争对手的区别与特点,使得目标顾客在产生参展需求时迅速联想到该企业或品牌。

(一) 市场定位的内容

(1) 产品定位。主要是对会展产品本身进行定位,包括会展产品本身及其所提供的综合服务两大部分。会展产品本身主要包括产品所属产业、行业、产能分布、主要参展企业、展会价值等方面,这是决定会展产品好坏最重要的因素。综合服务则是因为在会展活动举行前、中、后的不同时期,会展企业都需要通过多种方式为参展商提供服务,良好的服务质量是影响参展商及观众对于会展产品评价的关键。

(2) 企业定位。主要是对会展企业形象进行定位,包括企业形象塑造、品牌、员工能力、知识、可信度等。在主要目标顾客的心目中,企业就是一个整体,对该企业的所有产品和服务的评价是一致的。因此,企业所开发的产品和服务,以及会展企业所树立的公众形象必须具有高度的一致性,从而在主要参展商和观众的心目中留下较好的印象。世界著名的企业往往是通过企业定位获得竞争优势的,会展企业也应该从整体的角度实施市场定位策略。

(3) 竞争定位。主要是通过与其他会展企业的比较来确定自身在市场中的位置。随着会展活动的发展,会展企业之间的竞争也越来越激烈。面对诸多同类企业的竞争,会展企业需要权衡决定自身与竞争者之间的实力对比,从而确定自身的位置。需要注意的是,由于同一会展企业会有若干不同类型的会展产品,企业可以对不同产品进行不同的竞争定位,在这一市场上争当市场领导者,在另一市场上则甘当跟随者。

(4) 消费者定位。主要是针对企业的目标参展人群和观众进行定位,包括年龄、性别、职位、收入水平、参展需求等。对于大多数专业类展会而言,通常会展企业都会以行业精英、高级管理人才等作为主要的营销对象,而对于消费类展会而言,年龄、性别、收入水平等则是会展企业更为看重的因素。

(二) 市场定位的步骤

1. 确认企业竞争优势

市场定位的关键就在于要在市场中准确找到自己的竞争优势。通常,竞争优势有两大基本类型:一是价格竞争优势,即在同等条件下价格更低,这要求会展企业尽力来降低单位成本;二是偏好竞争优势,即通过提供特色产品来满足顾客的特定偏好,这要求会展企业努力打造有特色的产品。因此,要想确定自身的竞争优势,不仅要充分了解企业自身,还需要足够了解顾客偏好及竞争对手的情况。会展企业需要弄清楚以下三个问题。

- 竞争对手产品定位如何?
- 目标市场上顾客需要满足程度如何以及还需要什么?
- 针对竞争者的市场定位和潜在顾客的真正需要,企业应该做什么?

要回答这三个问题,会展企业市场营销人员必须通过一些调研手段,系统地设计、搜索、分析并报告有关上述问题的资料和研究结果,然后才能准确地认识自己以及发现自身的竞争优势所在。

2. 比较企业竞争优势

竞争优势是企业能够胜过竞争对手的能力,也是企业取得成功的根本。这种能力既可以是现有的,也可以是潜在的。会展企业选择竞争优势实际上就是一个与竞争者各方面实力相比较的过程,比较的指标既包括外部所能获取的资源,政府、协会及知名企业对会展企业的认可程度,也包括企业内部的人力、财力资源及人员的专业化程度等。通过综合比较而发现究竟哪些是强项,哪些是弱项,然后据此选出最适合企业的优势项目,以初步确定企业在目标市场上所处的位置。对于不同的会展企业而言,进行比较的内容以及各内容所占的比重也是不一样的。

3. 制定企业营销战略

战略制定主要是会展企业要通过一系列的宣传促销活动,将其独特的竞争优势准确传播给潜在顾客,并在顾客心目中留下深刻印象。好的营销战略不仅需要精心策划,还需要对市场、顾客、竞争者情况等进行深入分析和了解。

(1)从介绍企业出发,要使目标顾客了解、知道、熟悉、认同、喜欢和偏爱本会展企业的市场定位,在顾客心目中建立与该定位相一致的形象。

(2)围绕顾客展开营销,会展企业通过各种努力强化目标顾客形象,保持对目标顾客的了解,稳定目标顾客的态度并不断加深目标顾客的感情,进一步巩固自身形象。

(3)注重营销效果,会展企业应高度关注目标顾客,尤其是顾客对其市场定位理解出现的偏差或由于宣传失误而造成的目标顾客模糊、混乱和误会,一旦发现上述问题,应及时纠正并迅速重塑自身形象。

正确的产品定位很重要,一旦确定后应尽量坚持。但遇下列情况时,企业则应考虑重新定位。

情况一:竞争者恰好选择了同样的新产品定位,并侵占了部分本会展企业的目标市场,使本企业产品的市场占有率下降。

情况二:消费者的需求或偏好发生变化,产品销量减少。

企业在已经形成一定的品牌影响力之后重新定位会在一定程度上影响自己的品牌形象,但对于当前变幻莫测的市场情况来说,当企业发现问题时,唯有及时而敏锐地进行重新定位才能保证企业的长远发展。

尽管营销理念不断更新,新的营销手段渐次出现,但是STP战略作为营销活动的基础,仍在实践中发挥着无可替代的作用。纷繁多样的现实情况使得市场细分不断深化,会展企业需要更为谨慎而敏锐地选择目标市场,并恰当地进行市场定位。

科技进步、现代化手段的加入使会展业的发展更加多元化,线上会展成为近年来兴起的新事物而受到广泛关注。会展行业的不断发展固然是一件好事,然而需要注意的是,与通过令人眼花缭乱的技术来吸引顾客相比,会展企业更应做的是对目标市场的深入分析与对市场的准确定位,唯有如此,才能抓住企业发展的根本。

会展STP战略分析示例如下。

 第 20 届北京大兴桑葚旅游文化节 STP 战略分析

1. 目标市场细分

通过调研旅游文化节前几届观众情况,结果表明,旅游文化节受众分布广泛,来源众多,老少皆宜。在进行市场细分时以受众的年龄为基准,参照其身份背景和参与动机,进而确定目标市场。鉴于本次旅游文化节作为典型的京郊农业节庆活动代表,具有其特殊的区位优势、产品特点及社会基础,在此引入年龄和地域因素作为细分的依据。

(1) 根据年龄细分

根据所属的年龄区间不同,可将目标市场划分为五部分,各年龄段的目标受众在身份背景、体验偏好、旅游文化节参与动机以及产品认可度上均存在相对独立的特征,具体细分情况如表 3-3 所示。

表 3-3 目标市场年龄细分表

年龄段	身份背景	体验偏好	参与动机	产品认可度
18 岁以下	未成年人	动手、游戏	科普研学、农耕体验	高
18~26 岁	高校学生	尝鲜、创新	社交娱乐、氛围体验、文化交流	中
26~35 岁	工作及家庭不太稳定的青年人	时尚、娱乐、放松	氛围体验、社交娱乐、减压释放	中
35~55 岁	生活相对稳定的中年人	休闲、品味	休闲游憩、氛围体验、演出欣赏	高
55~65 岁	已退休并身体条件较好的老年人	社交、聚会	社交娱乐、休闲游憩	高
65 岁以上	已退休但身体条件逐渐下降的老年人	观光、休闲	氛围体验、演出欣赏	中

(2) 根据地域细分

安定镇位于大兴区东南部,北距北京城区 30 千米,西到黄村 18 千米,东距河北省廊坊市 20 千米,有京津铁路、京沪高铁穿境而过,紧临京台高速、首都环城高速、大兴机场高速,地理位置十分优越。安定镇位于庞采路农业产业示范带上,以农业为主题的特色观光、采摘等十分丰富。御林古桑园是目前华北最大、北京地区独有的古桑园。为此,我们参照地域因素,将整个市场划分为六个区域,具体情况如表 3-4 所示。

表 3-4 目标市场地域细分表

地域划分	市场成熟度	受众可达性	核心吸引力
安定镇	高	极为便利	社交娱乐
安定镇周边村镇	高	较便利	氛围体验
大兴区周边区县	高	较便利	节庆特色、氛围体验
北京城区	较高	便利	节庆质量、产品特色、休闲观光
京津冀地区	较高	便利	休闲观光
环京津冀省市	一般	不够便利	休闲体验

2. 目标市场选择

结合市场细分的结果,考虑不同细分市场的不同需求,采取差异化的营销策略,针对以下六个细分市场展开产品设计与营销推广,如表 3-5 所示。

表 3-5　目标市场表

序号	市场类型	年龄	地域	核心吸引力	主要参与动机
目标市场1	核心市场	18岁以下	北京城区	节庆质量、产品特色	科普研学、寓教于乐
目标市场2	核心市场	35～55岁	大兴区周边区县	节庆品味、特色欣赏	休闲游憩、氛围体验
目标市场3	核心市场	55～65岁	安定镇周边村镇	配套服务、特色欣赏	社交娱乐、休闲游憩
目标市场4	潜力市场	26～35岁	北京城区	节庆质量、产品特色、休闲观光	减压释放、社交娱乐
目标市场5	潜力市场	35～55	京津冀地区	休闲观光	休闲游憩、氛围体验
目标市场6	潜力市场	18～26岁	大兴区周边区县	节庆特色、氛围体验	社交娱乐、氛围体验、文化交流

3. 市场定位

针对上述目标市场，综合考虑项目的SWOT分析结果，在保证农业节庆核心产品质量和服务的基础上，走差异化品牌路线，利用地域优势，以特色农产品为基础，深入挖掘其文化内涵、经济价值，做足做精与桑葚等桑产品相关的个性化活动，并注重农业节庆活动的体验性和服务意识。为此，由于2020年是我国全面实现小康社会的一年，又是桑葚节20周年庆典之时，我们以"筑梦安定，美好'葚'世"为节庆主题，设计针对不同目标群体的特色配套活动，充分满足其个性化需求。

因此，本届桑葚旅游文化节的市场定位是：全方位打造京郊以农作物为主题的农业节庆活动，形成产品特色鲜明、观众体验深刻、服务质量满意的活动品牌。

小阅读 3-2　营销计划提纲

第一部分　营销计划摘要

该部分主要说明企业基本状况、企业使命、目标、长期战略及企业所遵循的基本原则。

第二部分　营销情景分析

1. 行业分析

（1）市场情况分析

（2）行业吸引力

2. 销售分析

（1）比较区域市场绩效与企业绩效

（2）分析销售趋势、成本和利润

（3）分析客户业务发展情况

（4）比较区域市场、产品历史及现状

3.竞争对手分析

(1) 竞争对手的行为

(2) 竞争对手的资源

(3) 竞争对手未来可能采取的营销策略

4.顾客分析

(1) 顾客是谁?

(2) 顾客购买什么?

(3) 顾客在哪里购买?

(4) 顾客在什么时间购买?

(5) 顾客做出购买选择的主要原因是什么?

(6) 顾客为什么选择某一特定产品?

(7) 顾客对营销计划有何反应?

(8) 顾客会否重复购买?

5.市场潜力分析

(1) 市场发展潜力

(2) 销售预测

6.销售预测

第三部分　营销目标

1.企业目标

2.企业阶段性目标

3.营销目标

(1) 财务目标,主要包括销售量、销售额及利润率目标

(2) 市场接受程度,包括顾客获得、维护、顾客增加和流失率等

4.具体营销方案目标

(1) 价格目标

(2) 广告或促销目标

(3) 产品目标

(4) 服务目标

第四部分　营销实施计划

第五部分　营销预算

第六部分　营销过程管理与控制

第七部分　应急措施

实战演练

某会展公司为了进一步扩大经营范围,考虑进入消费类会展市场,作为营销部门的工作人员,你受命对目前市场中的消费类会展项目进行调研,完成以下工作:①了解消费类会展市场需求,进行市场细分;②结合公司实际情况,选定所要进入的目标市场;③发掘竞争优势,进行市场定位;④了解该细分市场的竞争者情况,进行企业竞争力评估。

模块小结

本模块介绍了会展营销战略的基本内容以及影响营销战略制定的内外环境因素,总结了会展营销战略计划的制订步骤。在此基础上,对 STP 战略进行了系统分析。

问题思考

1. 会展企业的宏观环境分析包括哪些内容?
2. 如何确保会展营销计划的执行?
3. 会展市场定位包括哪些内容?
4. 会展企业竞争优势的类型有哪些?
5. 会展营销战略制定的步骤是什么?

模块四

会展产品及品牌

学习目标

知识目标：
- 掌握会展产品的内涵；
- 了解产品生命周期；
- 了解会展活动中的品牌活动。

能力目标：
- 能够分析不同生命周期的会展产品；
- 掌握会展品牌要素。

学习重点：
- 会展差异化服务的内涵。

学习难点：
- 会展活动品牌塑造。

模块引导

会展品牌 2019 China Joy 继续引领数字娱乐产业发展风向标

2019年8月2—5日，第17届China Joy在上海新国际博览中心圆满举办。作为当下全球数字娱乐领域最具知名度与影响力的年度盛会之一，2019 China Joy充分演绎了"数字新娱乐 科技新生活"的展会主题，并以游戏为核心，覆盖动漫、电子竞技、互联网影视与音乐、网络文学、智能娱乐软件与硬件以及新生娱乐业态等数字娱乐领域，成为我国及全球数字娱乐产业发展的风向标。

1. 2019 China Joy立足中国特色，树立国际品牌形象

为庆祝新中国成立70周年，China Joy在展会3号入口大厅特别设立了"数字内容产业发展成就展示"，以图文并茂的形式展现中国数字娱乐产业的蓬勃发展历程。与此同时，相关产业政策及精品工程也在持续引导国产游戏新价值。由上海市新闻出版局指导发起的首届"中国原创艺术类游戏大赛"，选拔出了一批具有文化内涵、科技含量、艺术品质的游戏精

品,也在China Joy展会现场首次集中亮相。

2. 2019 China Joy各项展会数据再创佳绩,观众人数再创历史新高

展会4天合计入场人数高达36.47万人次,再创展会历史新高。其中,8月3日单日入场人数高达13.4万人次,再度刷新2018年单日13.3万人次的历史记录,创历届China Joy单日入场人次之最。展馆总面积达到17万平方米,占据15个展馆。其中,2019 China Joy BTOB展区的中外参展企业约500余家,包括来自15个国家的海外参展企业约200余家。这充分体现出China Joy平台已成为海内外数字娱乐企业展示自身形象与实力的最佳舞台。

3. 各项同期会议精彩纷呈,探讨数字娱乐产业发展新趋势

2019 China Joy期间,同期举办了中国国际数字娱乐产业大会(CDEC)、2019全球电竞大会、全球游戏产业峰会、CHINAJOY ACG CON、中国5G＋娱乐产业大会、中国游戏开发者大会(CGDC)等。各项同期会议邀请海内外数字娱乐领域知名企业家、专家学者汇聚于此,发表主旨演讲并开展高峰互动对话交流,探索数字娱乐产业发展趋势及前沿技术。

4. 各项同期嘉年华活动丰富多彩

与此同时,2019 China Joy期间还同期举办了China Joy Cosplay嘉年华全国大赛总决赛、China Joy舞艺超群全国舞团盛典总决赛、第三届China Joy电子竞技大赛总决赛、万代南梦宫"龙珠世界巡展—冒险之旅—中国站"主题活动、华纳兄弟蝙蝠侠80周年纪念活动等多项精彩纷呈的活动,进一步充实、丰富了China Joy的数字娱乐品牌活动,广泛覆盖至游戏、动漫、二次元、音乐、电竞和数字娱乐各个领域的爱好者及广大年轻群体。

(资料来源：China Joy官网资料整理而成)

思考：作为与美国E3展、东京电玩展并列的世界级展会,China Joy如何在激烈的同业展会产品竞争中脱颖而出？

任务一　会　展　产　品

一、会展产品的概念

(一) 会展产品的内涵

产品指可以提供给市场,被人们使用和消费,能满足人们某种需求的任何东西,包括有形的物品,无形的服务、组织、观念或它们的组合。

从广义上来说,会展产品包括会议产品、展览产品、节事产品、会奖旅游产品,涵盖会、展、节、赛、演各方面,例如,珠海航展,可以理解为是有关航空航天行业的一个展览产品。

(二) 会展产品的层次

(1) 核心利益/核心产品(Core Benefit)。指向顾客提供展会的基本效用或利益。作为企业间的有效营销平台和纽带,展会为参展企业提供了产品展示、贸易洽谈、信息收集、技术交流、市场拓展和形象宣传的重要桥梁。

(2) 一般产品/形式产品(Generic Product)。指会展企业向顾客提供的会展产品实体

和服务的外观,会展企业为顾客提供场地、展位、座位、装饰、纪念品、餐饮等实物形式的产品。从顾客的角度,得到的是享受这些实物带来的有形收益。

(3) 扩大产品/延伸产品(Augmented Product)。指会展企业为顾客提供娱乐、表演、休闲、旅游、住宿、交通、金融、保险、物流、翻译等服务。还包括为其提供的与嘉宾沟通交流的机会。

会展产品的三个层次如图 4-1 所示,越内层的越基本,越具有一般性,越外层的越能体现产品的特色。由此可见,第一层次是最基本层次,是无差别的顾客真正所购买的服务和利益,实际上就是会展企业对顾客需求的满足。也就是说,会展产品是以顾客需求为中心,因此,会展产品的价值是由顾客决定的,而不是由会展企业决定的。在第二层次,抽象的核心利益转化为提供真正服务所需的基础产品。而第三层次指增加的服务和利益,这个层次是形成会展产品与竞争者产品差异化的关键。未来竞争的关键,就在于其产品所提供的附加价值。会展产品分析示例如下。

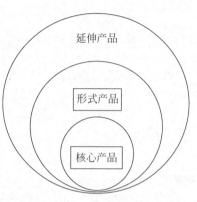

图 4-1 会展产品的层次

第 20 届北京大兴桑葚旅游文化节产品策略分析

(1) 核心产品:农业节庆的核心产品,即以特色农作物采摘为核心的休闲观光,是吸引核心观众的首要因素。

① "安定桑葚"是地理标志农产品品牌。北京大兴区安定镇有着上千年的种桑历史,拥有华北最大、北京地区独有的千亩古桑园。2004 年被中国优质农产品开发服务协会授予"中国桑葚之乡"称号。2010 年,"安定桑葚"经中国农业部认证正式成为全国地理标志农产品品牌。

② 御林古桑园是综合性休闲园区。园区总面积 300 亩,古树 446 棵,新植果桑、乔桑、龙桑 35 000 余株。园区公共设施齐全,建设有停车场、餐厅、酒吧、标准公厕、人工水系、各种结构景观桥和集中绿地,已成为集风景游览、休闲健身、农业采摘、科普教育于一体的综合性园区。

(2) 辅助产品:旅游文化节所提供的辅助产品主要是指在节庆场地,为游客提供的采摘观光以外的食、住、行、购、娱等方面的综合体验设施和服务。随着农业节庆的发展,采摘和观光以外的辅助活动正在成为广大观众偏好某个农业节庆的重要因素。根据桑葚旅游文化节的市场定位,差异化的产品供给恰恰要重点依赖辅助活动的丰富与深化来实现。

因此,在采摘观光之余,我们紧紧围绕"筑梦安定,美好'葚'世"的节庆主题,策划三大活动版块"品尝桑葚 葚食美味""欣赏美景 葚世美好""游玩桑田 葚世美满"为各类目标受众策划丰富的、多层次的现场辅助活动,充分满足其个性化需求。具体内容如表 4-1 所示。

表 4-1　三大活动版块

版块名称	具体活动
品尝桑葚 葚食美味	桑叶茶康养茶会
	全桑宴活动
	休闲观光采摘
欣赏美景 葚世美好	农桑产业大会
	20周年庆典
	评剧大荟萃,高手如云
	安定镇民俗旅游推介会
	农产品及工艺品展览
游玩桑田 葚世美满	研学与耕读
	画评剧脸谱 唱非遗戏剧
	打卡网红树
	创意编织比赛
	桑果压花、扎染

通过策划上述辅助产品,不仅可以满足三类核心客户对于节庆特色、休闲游憩的重要需求,同时也能够很好地匹配三类潜力客户对于多样化氛围体验的核心需求。

(3) 外围产品:农业节场地以外为观众提供的旅游、餐饮、购物、住宿、交通等延伸产品,具体包括民俗旅游、特色民宿等。例如,亮民绿奥观光采摘园、圣泽林观光采摘园、贾尚精品梨园、安新果园、碧海垂钓园等,通过设计民俗旅游精品路线,将这些园区有机组合。此外,还包括"全桑宴"美食推荐,给游客带来不一样的舌尖体验。

二、会展产品的价值

会展产品的价值,是指会展活动参与者对活动主办方体现出来的积极意义和有用性。会展活动能够给不同的展商、活动参与者、社会整体带来不同的信息、文化碰撞、不同体验和积极影响,具有丰富的价值内涵。会展产品的价值主要体现在以下几个方面。

(1) 展示交流。展会通过现场展览和示范来传递信息,达到陈列交流的目的。例如,作为大型的国际性博览活动,世博会的举办为世界各国人民打通了无国界交流的渠道,将丰富的各国元素生动呈现在人们面前。

(2) 贸易洽谈。各贸易展、节庆事件,通过活动参与体验,开拓贸易渠道。例如,广东省增城市每年6月都会举办荔枝文化旅游节,为增城著名物产挂绿荔枝搭建销售贸易平台。

(3) 经济促进。举办会展活动,会吸引大批游客前往,促进当地旅游、住宿、餐饮业等相关行业的发展,起到拉动经济的火车头作用。

(4) 形象宣传。通过举办展会,能够提升举办地的形象和影响力。例如,G20峰会在中国杭州的成功举办,成就了杭州迈向国际会展之都,向世界展示了杭州的魅力及能力。

(5) 文化传播。成功的展会,都会将传统文化、民俗特色等因素融入其中并加以传播。

例如,作为我国国家级、国际性"中国旅游节庆精选"之一,曲阜孔子文化节承载着中国文化的传播使命,具有重要的文化传播功能。

小阅读 4-1　进博会的真正价值不是"711亿",而是一场高频而广泛的联结

711.3亿美元是2019年中国国际进口博览会按一年计的累计意向成交总金额。2019年11月10日,第二届中国国际进口博览会在上海闭幕。按照进博会官网披露信息显示,第二届进博会按一年计累计意向成交711.3亿美元,比首届增长23%。

711.3亿美元并不是一个小数字,但是在2018年中国进口了14万亿美元的货物,与这一数目相比,进博会的增量并不突出。那么,对中国经济的微观主体而言,进博会的价值到底是什么?

这是进博会会场上发生的一系列小事情:11月7日,一位交易团成员(他的另一个身份是地方投资促进部门人员)在场馆外抽烟时碰到了一位来会场采访的记者,记者之前刚刚采访了一家德国家族企业,这家企业正好希望在中国进行新的投资,记者把这个信息提供给了该交易团成员。第二天,该交易团成员拜访了这家外企。

此后,该交易团成员又将一家他熟识的跨境贸易企业推荐给记者,在这个企业的签约会上,记者发现在电商市场已经被瓜分殆尽的情况下,一些美容消费跨境品类竟然还有如此广阔的空间,随后他将这个消息告知了他的一位朋友——这位朋友在济南经营一家美容店,正苦于缺乏店内流量,想在一楼开辟美妆品销售区域进行引流。

联结,广泛而高频的联结,这或许就是进博会的真正价值所在。

无论展商和交易团人员是因为何种原因聚集在此处,如行政命令或品牌宣传的需求,但是最终的结果是,进博会成为这样的一个平台:在6天时间里,来自世界150个国家、超过3000家企业和数万名来自中国企业和政府的交易团人员,超过91万的参展观众前所未有地被"锁定"在这一片30万平方米的狭小空间内。

他们会想尽办法不虚度这6天的时间,哪怕仅仅是在场馆内毫无目的地游荡,都不断闪出转瞬即逝的"小亮点"。

在这里,一位地级市的市长会站在一家小型外企展板的一侧,静静地听工作人员讲述一个关于冶金自动化的产品设计理念;一位食品行业从业者则找到了一台可以自动组装箱子的机器人;甚至两位银行业从业者因一个偶然提起的养老院合作话题,与欧洲一个经济大区的中国代表进行了长达40分钟的交谈。

这些琐碎而即兴的灵感、交谈甚至冲突,就是进博会的魅力所在。或许在中国任何一场行业论坛和峰会中,都会偶现这些火花,但是其行业、区域的跨度远远无法达到进博会这一平台。我们时常提到中国经济的韧性,或许在进博会上展现的这些特质就是其韧性之所在:巨大的规模、密集的要素和快速形成的联结。

(资料来源:宋笛,经济观察报,2019-11-11,删减整理而得)

三、会展产品生命周期

1966年,美国哈佛大学教授雷蒙德·弗农(Raymond Vernon)在《产品周期中的国际投资与国际贸易》一文中首次提出产品生命周期理论。产品生命周期(product life cycle)简称PLC,是产品的市场寿命,即一种新产品从开始进入市场到被市场淘汰的整个过程。会展产

品生命周期一般可以分成四个阶段,即导入期(或称为介绍期、引入期)、成长期、成熟期和衰退期,如图4-2所示。

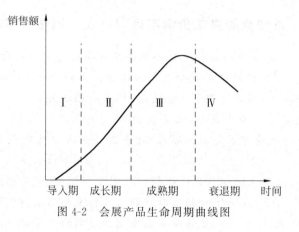

图4-2 会展产品生命周期曲线图

(一)第一阶段:导入期

导入期是指产品从设计投产直到投入市场进入测试阶段。新产品投入市场,便进入了导入期。生产者为了扩大销路,需要大量宣传推广。从会展活动角度理解,导入期主要指会展活动新项目。以深圳市"新名片"深圳国际会展中心项目为例,该项目位于大空港新城片区,是深圳市委、市政府投资建设的重大项目。一期建成后,它将成为净展示面积仅次于德国汉诺威会展中心的全球第二大、国内第一大的会展中心;整体建成后,室内展示面积达50万平方米,用地面积达148万平方米,将成为全球第一大会展中心。作为一个瞩目的会展场馆新项目,深圳国际会展中心从筹划之初就牵动业界人心,未来深圳的展览活动影响力将进一步提升。

(二)第二阶段:成长期

当产品进入导入期,销售推广取得成功之后,便进入了成长期。在成长期会展产品发展日渐良好,市场需求逐步扩大,利润逐渐呈现最大化,同时随着竞争者参与越来越多,市场瓜分竞争开始变得激烈,同类产品供给量增加,价格随之下降,企业利润增长速度逐步减慢。可以从营利性会展活动和非营利性会展活动两个角度来理解成长期。以营利性的展览活动为例,成长期展会的其中一个明显特征是展位销售量逐渐上升,展会逐渐扩大甚至形成品牌。以非营利性活动为例,如由UFI等业内机构于2016年发起的"全球展览日"活动,"全球展览日"旨在让各界人士更好地认识展览在推动经济发展中的巨大作用,目前,全球各地一共有40多个展览行业协会携手推动这项活动,以提高公众对展览行业的认知。通过不断地宣传发展,"全球展览日"将推广成为展览领域的一个重要标记日。2018年"全球展览日"标志如图4-3所示。

图4-3 2018年"全球展览日"标志

(三) 第三阶段：成熟期

成熟期指产品走入大批量生产并稳定地进入市场销售。经过成长期之后，随着购买产品的人数及竞争者增多，市场需求趋于饱和。以展览活动为例，在成熟期展览市场增长率开始减缓，展位销售逐渐减少，展位的价格及利润滑坡，同类主题会展竞争趋向白热化。

(四) 第四阶段：衰退期

衰退期指产品进入淘汰阶段。随着科技的发展、消费习惯的改变等原因，产品的销售量和利润持续下降，产品在市场上已经老化，不能适应市场需求，市场上已经有其他性能更好、价格更低的新产品，足以满足消费者的需求。此时成本较高的企业就会由于无利可图而陆续停止生产，该类产品的生命周期也就陆续结束，以致最后完全撤出市场。中国出口商品交易会流花路展馆建于1974年，展馆面积达17万平方米，因每年举办春、秋两届中国出口商品交易会而举世闻名。但是随着广州展览行业的发展，流花展馆由于地理位置、交通、展馆硬件等原因，已不能满足当代展会举办需求。2008年广交会正式全面移师到海珠区琶洲展馆，流花展馆正式退出了广交会的历史舞台。作为曾经的羊城八景之一，47岁的流花展馆曾策办过百届春秋广交会，如今将成为一座20万平方米的商业综合体。经历了衰退期的流花展馆经过重新打造、蜕变，又重新迎来了新的一轮产品生命周期。

会展产品生命周期的四个阶段是一般过程，但在会展产品运营过程中也会产生跳跃性发展，并存在衰退时期通过革新而延长其生命周期以及因偶然因素或自身因素中途夭折的情况。

 小阅读 4-2　特殊的产品生命周期

特殊的产品生命周期包括风格型、时尚/流行型、时髦/热潮型、扇贝型四种特殊的类型，它们的产品生命周期曲线并非通常的S形。

风格(style)型产品生命周期：一种人类生活基本但特点突出的表现方式。风格一旦产生，可能会延续数代，根据人们对它的兴趣而呈现出一种循环再循环的模式，时而流行，时而又可能并不流行。

时尚(fashion)型产品生命周期：在某一领域里，目前为大家所接受且欢迎的风格。时尚型的产品生命周期特点是，刚上市时很少有人接纳(称为独特阶段)，但接纳人数随着时间慢慢增长(模仿阶段)，终于被广泛接受(大量流行阶段)，最后缓慢衰退(衰退阶段)，消费者开始将注意力转向另一种更吸引他们的时尚。

热潮(fad)型产品生命周期：一种来势汹汹且很快就吸引大众注意的时尚，俗称时髦。热潮型产品的生命周期往往快速成长又快速衰退，主要是因为它只是满足人类一时的好奇心或需求，所吸引的只限于少数寻求刺激、标新立异的人，通常无法满足更强烈的需求。

扇贝(scallop)型产品生命周期：产品生命周期不断地延伸再延伸，这往往是因为产品创新或不时发现新的用途。

以上四种特殊产品生命周期如图4-4所示。

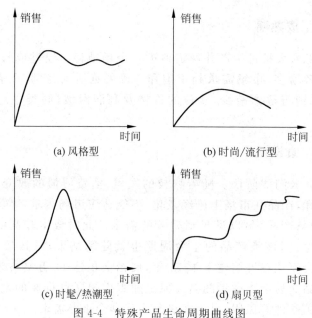

图 4-4　特殊产品生命周期曲线图

实战演练

68 岁的法兰克福车展落幕

2020 年 1 月 29 日,德国汽车工业协会官方通告:已连续举办了近 70 年的法兰克福车展即将落幕。通告内容如下:"感谢法兰克福长期以来值得信赖的良好伙伴关系,但是经过对所有标准的权衡,2021 年起国际汽车博览会将不再于法兰克福举办,下一届国际汽车博览会的东道主将在柏林、慕尼黑与汉堡三座城市之间产生。"

1951 年第一届法兰克福车展问世,首次展览吸引了约 57 万名观众。自此,法兰克福车展取代了柏林车展,法兰克福一直是德国汽车工业协会(verband der automobilindustrie,下称 VDA)的总部所在地。但到了 2019 年,VDA 与法兰克福会展公司(Messe Frankfurt)的长期合约到期了,法兰克福车展也戛然而止。

其中的原因可能包括失去吸引力的车展和愤怒的环保抗议者。针对车展本身的质疑就已经屡见于各大媒体以及各大整车制造商高管们的推特之中。2018 年的车展共有 56 万观众观展,比 2017 年减少了 25 万,与 2015 年的 93 万观众数量相比更是近乎腰斩;包括丰田、菲亚特-克莱斯勒、法拉利、玛莎拉蒂在内的 30 余家来自美国、日本、法国和意大利的整车厂尽数缺席车展,参展厂商数量也从近 1000 家减少至 838 家;而展区总面积也相应地缩水至 16.8 万平方米,比 2018 年的车展缩水了 16%。

此外,越来越多的欧洲整车厂都开始学习苹果公司,他们倾向于绕过拥挤的车展并独立举行新车首发活动,以期获得公众更大的关注。各大厂商对法兰克福车展的重视程度一直在下降。例如,宝马就将车展的预算削减了三分之二,其展厅面积也从 10 000 平方米降至 3000 平方米,多余的预算则转而投入在慕尼黑宝马世界首次举办的自家展会 NextGen。*Auto Motor & Sport* 编辑克内希特(Jochen Knecht)更是将法兰克福车展比喻为整车厂与专业记者们的自我陶醉活动,而观众更像是篱笆外的旁观者。

未来的IAA不仅是新车型的展会,还将是囊括出行领域所有新创意的对话与交流平台。此外,VDA主席马特斯(Bernhard Mattes)还宣布将放弃部分室内展览而选择将整个城市变为展厅,将出行方案与感官体验融入城市舞台之中。毕竟在拥挤的展厅中单调地展示自动驾驶或共享出行方案并不吸引人。这其中就包括市内公共交通、自动驾驶巴士、电动汽车、共享交通工具,甚至是电动滑板车以及燃料电池车用加氢站。此外,自动驾驶示范区域以及与环保主义者的公众论坛都将成为全新IAA的一部分。在马特斯的构想中,"整车厂、供应商与出行服务将是新IAA的三大支柱"。VDA总经理库尔斯则在官方通告中补充道:"全新的IAA将不仅是汽车展,更是举办城市与我们共同研究智慧城市这一新概念的场所。我们的目标是,当访客从火车站或者机场抵达举办地时,就已经踏入了一个智慧互联交通方案的展区之中。"这也被VDA内部视为是解决出行与环保矛盾的终极答卷。不仅能借此突出汽车厂商的社会责任,还能通过为举办城市留下部分基建设施为全新出行方案打长久广告。这一方案也很快得到了大众CEO迪斯在领英上的积极回应:"IAA不再是一个单纯的车展,而是我们展示与探讨未来出行方案的地方。"另外在展会安排上,VDA也做出了部分调整。虽然新车展的举办时间依然选在每个单数年份的9月不变,但是VDA已经确认不会再给予任何一个城市像法兰克福那样长达70年的长期合同。VDA希望能够通过保持竞争以鼓励展会公司持续推陈出新。

VDA预计将在3月在柏林、慕尼黑与汉堡之间做出最后选择。三大城市中呼声最高、政治能量最大的莫过于首都柏林。柏林不仅是VDA总部所在地,柏林公共交通公司BVG也推出了自家的共享单车项目,柏林还是出租车网约化做得最好的德国城市之一。柏林甚至请出了克林斯曼出任形象大使,同时还得到VDA内部最重量级一票——大众集团的青睐。此外,柏林也有着举办Grüne Woche农业展览时应对激进环保主义者的丰富经验,而不会像去年法兰克福车展时面对大规模抗议而束手无策。而作为汽车文化氛围浓厚的南部首都,慕尼黑的底气则在于其顶级的机场、发达的基建以及被选为主会场的奥林匹克公园。奥林匹克公园不仅面积巨大,其类似世博会园区的展览方式更符合IAA智慧城市、智慧出行的新主题。不过慕尼黑却已经收获了来自大众和戴姆勒的两张反对票:奥林匹克公园距离宝马世界和宝马四缸大厦仅一街之隔。既无政治能量也没有汽车工业文化的汉堡则打出了协同效应牌。汉堡已经确定赢得2021年国际智能交通展会ITS的举办权。汉堡为此将陆续落实100个未来出行试点项目,其中就包括已经完工的贯穿整个会展区域、长达9千米的自动驾驶路段以及在汉堡港区(Hafencity)运营的无人驾驶巴士,之后汉堡还将开通第二条连接火车站及会展区域的无人驾驶巴士线路。因此汉堡也将是承办下一届IAA最没有技术难度的城市。

(资料来源:钱伯彦.再见了,68岁的法兰克福车展.界面新闻整理删减)

思考: 查找相关资料,讨论法兰克福车展这一会展产品的生命周期。

任务二 会 展 服 务

一、会展服务内涵

(一)会展服务的概念

会展服务是会展产品内涵的重要体现。作为一个服务行业,会展行业涉及多个领域的服务活动,即会展服务。会展服务有广义与狭义之分。

1. 广义的会展服务

广义的会展服务是指会展的主办者、承办者、与会者、参展者、客商以及观众所提供的全方位服务,包括会展策划、会展筹备与组织、会展物流、会展接待、会展宣传、会展场馆设施配套等各方面的服务。

在广义的会展服务方面,以会展服务企业为主体,从形式上看,广义的会展服务主体是提供直接的服务项目,如宣传物品印刷、展品运输、展台搭建等;狭义的会展服务主要是提供咨询、推介、接待和沟通等间接服务。会展活动的举办方或承办方一般都是委托相关的公司或部门。

2. 狭义的会展服务

狭义的会展服务是指在会展活动中,由主办方或承办方向与会者、参展者、客商以及观众所提供的各项服务,主要包括策划、营销、宣传、采访、接待、餐饮、住宿、礼仪、交通、运输、仓储、后勤、安保、清洁、旅游、文书、通信、信息、保险、租赁、展台设计、展具制作、展台搭建、撤展等方面。

狭义的会展服务项目主要是由主办方或承办方提供的,或者通过主办方或承办方提供的间接服务。如展会期间的金融和保险服务,可由主办方或承办方提供代理服务。此外,狭义的会展服务还牵涉到参展商的服务、会展客户关系维护、展会品牌维护以及展会知识产权保护等方面的服务问题。

3. 广义与狭义会展服务的区别

从主体上看,广义的会展服务主体是会展服务的外部机构,如会展场馆、广告公司、工程搭建公司等;而狭义的会展服务主体是会展活动的主办方或承办方,是会展活动的内部机构。

(二) 会展服务的分类

会展服务有不同的分类方法。从展会的不同阶段来看,有展会前、展会中服务,也有展会后服务;从展会服务提供的方式来看,有承诺服务、标准化服务、个性化服务和专业服务;还有付费服务和免费服务。下面从展会服务的对象以及功能、内容方面来对会展服务进行分类。

1. 从展会服务的对象上分类

按照展会所服务的对象,可以将会展服务分为对参展商的服务、对观众的服务和对其他方面的服务。

(1) 对参展商的服务

一般来说,对参展商的服务主要有提供行业发展信息、提供贸易成交信息、通报展会进展情况、参展策划服务、展品运输、展位搭建、展览现场服务、展会商旅服务等。另外,参展商非常关心展会的"人气",拥有高质量的观众是吸引参展商参展的重要因素。因而,邀请观众尤其是专业观众莅临展会是为参展商服务的重要内容之一。

(2) 对观众的服务

观众是展会的核心要素之一。在展览等活动中,观众还有专业与普通之分。对专业观众的服务主要有:通报展会进程情况、通报展会展品信息、提供行业发展信息、提供产品信息、展览现场服务、展会商旅服务等。另外,专业观众非常关心参展商的质量,拥有高质量的参展商是吸引专业观众到场的重要因素。因而,邀请参展商尤其是口碑好的参展商参展也是为观众服务的重要内容之一。

(3) 对其他方面的服务

除了参展商和观众以外,展会还有一些其他的服务对象,如新闻媒体、行业主管部门、国外驻华机构、裁判、国际组织等。需要指出的是,潜在的参展商与观众也是展会服务的对象。因而,相关的展会进程情况、展会展品信息、行业发展信息、产品信息等信息服务也应及时向他们提供。

2. 从展会服务的功能、内容上分类

按照服务的基本功能、内容可以将会展服务分成以下几种。

(1) 广告宣传类

现代会展广告宣传服务的项目很多,品牌与产品形象的广告宣传比较复杂。围绕会展现场的相关服务有印制、派送宣传活动的宣传品、服务手册,提供会展现场的户外广告、招贴广告、证件吊带广告、入场券广告等。

(2) 信息咨询类

信息在现代会展中的地位越来越重要,从传播学的角度来说,会展是一种物质、精神信息的传播交流交易活动。信息服务包含的内容多种多样,如提供客户信息、展会调研报告、会议简报、展会动态、处理提案和议案等。

(3) 秘书礼仪类

秘书礼仪服务在会展活动中是最常用的,如文印、文案写作、会议记录、报到签到、资料分发、礼仪引导、庆典礼仪、会展模特等。

(4) 设计安装类

会展活动离不开设计安装服务,从展台、会场、舞台的设计到展具展架定制、搭建布展、设备安装、撤展等都需要专门的服务机构。随着信息科学技术的发展,现代展会越来越注重科学与艺术的结合,在设计安装服务中,包含着大量的艺术与技术方面的内容,这也是现代会展发展的趋势之一。

(5) 运输仓储类

随着展会的区域化、国际化趋势,会展物流服务工作日益重要。这方面相应的服务有提供展品、展具、展架的包装、运输、通关、搬运、仓储等。

(6) 设备租赁类

随着现代展会国际化、专业化趋势,会展用品的租赁服务将会更深入地发展。如向参展商提供音视频会议系统、电视墙、视频数字投影仪、音响扩声系统、灯光表演系统、同声传译系统等设备的租赁、安装、调试服务等。有调查显示,使用租赁的展具搭建展台,其费用只相当于购买展具材料的10%~20%。可见,会展设备租赁服务有着巨大的发展空间。

(7) 休闲娱乐类

现代展会越来越集工作、商务活动和休闲娱乐于一体。在展会活动中,安排文艺表演观摩、体育比赛、电影录像、打高尔夫球、卡拉OK等活动,让观众、嘉宾休闲娱乐也是常见的服务形式。

(8) 观光考察类

观光考察服务是指现代展会通常在会展活动期间或展会结束后,结合会展活动主题安排商务考察、文化考察、观光旅游等方面的服务。在国际通行的MICE的产业划分中,I是指奖励旅游(incentive travel program)。由此可见,以观光考察为主要内容的会展服务非常重要。

(9) 后勤保障

展会后勤保障方面的服务主要有为展会参加对象提供交通服务、食宿安排、茶水供应、票务联系、展品保护、现场急救等。从会展服务的内容上来看,根据会展项目的不同其服务内容往往有很大差异。以会务服务为例,会务服务的内容主要包含会议服务和会议接待两个方面。一般来讲,接待工作主要在两头,而会议服务在中间,它们是一个整体,哪一环都不能脱节或轻视。

从某种意义上来说,服务水平的高低往往决定着会展活动的成败。因而,增强服务理念,提高服务水平,搞好服务反馈,为参加展会的各方提供优质、高效、满意的服务是现代展会举办者追求和奋斗的目标。

小阅读 4-3 广交会搬运服务流程

① 搬运预约:参展商可以通过易捷通平台、承运商服务电话或微信服务号、现场服务点预约展品搬运时间,预约时间应在大会规定的搬运截止时间前 2 个小时以上。

② 服务确认:通过承运商微信服务号预约的,由承运商直接生成订单或直接回复确认生效;通过承运商服务电话预约的,由承运商在 2 小时内回复确认生效;通过参展易捷通预约的,由承运商在 24 小时内回复确认生效;通过现场服务点预约的,以承运商开具服务单确认生效。

③ 筹展搬运:未预约的展商到达展馆后,在现场搬运服务点可直接选择承运商,安排搬运展品。

④ 撤展搬运:撤展时参展商通过承运商微信服务号或服务电话、现场服务点预约搬运服务。对超过大会规定的搬运截止时间而尚未搬出展馆的展品,将由大会指定承运商统一进行搬运,搬运费用按照大会限价标准计算。展品搬运服务委托单如图 4-5 所示。

展品搬运服务委托单

第 届 第 期 □筹展 □撤展

展位号:

参展企业:

企业地址:

展样品类别/品种:/ 展品件数/立方米:/

联系人: 联系电话/手机:/

车型: 车牌号码:

预计抵达广交会展馆时间:月日 时

备注:

委托人(代表)签章:

填表说明:

(1)现场搬运实行收费作业,请填写此单。

(2)展位号要求填写参展企业所属全部展位号码。

(3)展品件数与立方数可填约数。

(4)企业地址指发货地址。

(5)备注栏填写提醒承运商须注意的事项。

①是否有易碎、防压、防潮、防倒置等展品;

②一期运抵的展品中是否有二期、三期的展品;

③二期运抵的展品中是否有三期的展品。

(6)为提高现场作业效率,请注明展品运输形式。

(7)预计抵达时间是指筹撤展期展品运输车辆抵达广交会展馆的具体时间。

图 4-5 展品搬运服务委托单

3. 会展服务的特征

（1）无形性。会展服务有着服务行业的共同特征：无形性。在现代品牌概念中，服务是构成品牌的重要部分，而服务是由人员去执行和完成的，因此一线会展获得参与人员的专业服务技能显得非常重要。

（2）不可存储性。会展服务的消费和产生是同时进行的，以展会为例，展会产品的不可转移性特点决定了参展者和参观者购买会展产品时，只享有使用权而不享有所有权。

二、会展差异化服务

（一）同质化与差异化

所谓"同质化"是指同一大类但不同品牌的商品在性能、外观甚至营销手段上相互模仿，以至逐渐趋同的现象。而"异质化"即差异化，则与同质化含义相对立，即企业要找准定位，着力创新，寻求差异和突破点，以在市场上寻求持续发展。差异化是品牌发展的重要基石。

（二）差异化服务

所谓差异化服务是指在业务开发与推广上，努力提供多种业务应用，对客户的不同需求而提供的个性化服务与资费选择，是一种市场细分的营销策略。差异化服务的关键，在于对细分市场需求有着正确的把握。差异化服务的特点体现在：①差异化服务是有针对性地提供服务；②差异化服务需建立在可靠的数据分析之上；③差异化服务因较具特点，相对其他营销策略而言难以复制；④差异化服务体现的是用户体验与营销内容的充分结合。

（三）差异化服务的策略

实施差异化策略创新的主要方式有以下两种。

（1）以客户群为基础的差异化策略。根据市场情况和特点，在普遍提供基本服务的基础上，针对不同客户群体的不同特点和需求，提供具有可行性的、外延的差异化服务。根据客户构成分为企业客户和个人客户，对企业客户而言，可根据其经营情况及费用承担方法，为大客户提供量身定做的个性化服务，从而解决方案式服务和跨区域无差异服务。

（2）以付费方式和业务功能为基础的差异化策略。企业根据用户使用业务与消费水平的不同，将用户分为以下几类：低端用户、中高端用户、高端用户以及潜在的中高端用户。针对各自不同的需求，制订不同的、适应性的资费计划；对于中高端用户可以高质量的服务吸引，按照客户不同消费习惯的市场需求，分别制定营销价格，为这部分客户提供更为自由的选择与优惠。这种比较公平的套餐将留住并进一步吸引更多的中高端客户加入。对于低端客户可以低价吸引，为用户提供更多的服务选择，使用户根据需求选择自己需要的业务。

（四）差异化服务的管理

据国外机构研究表明，提供高质量服务的企业，比服务情况欠佳企业的销售收益率高出近100%。国内外成功实施差异化服务的企业，无不重视和强化服务的科学管理。服务科学管理主要包括客户服务信息管理、客户服务管理、客户关系管理和客户价值管理。可以说，客户服务信息管理、客户服务管理、客户关系管理和客户价值管理肩负了企业"了解客户服务状况、提升服务、创造客户价值、使客户满意"的重任。

（五）会展差异化服务

会展服务根据针对的对象可以分为两类：一类是公众服务，另一类是个别服务。公众服务是指会展活动组织者提供一般性的基本服务，并且这些服务适用于所有的参与者；个别服务指的是会展活动组织者根据会展活动对象的差异和各自特点，有针对性地开发相对应的服务，即差异化服务。

（六）会展差异化服务的必要性

1. 市场发展的必然要求

差异化服务是市场细分的必然结果，通过对顾客需求差异予以定位，是市场发展的必然要求。随着市场竞争的愈演愈烈，还会出现个体市场服务，也就是我们常说的"个人定制"，个人定制则是差异化服务的极致体现。

2. 高质量会展服务的体现

高质量的会展活动必然伴随着高质量的会展服务，精准到位的差异化的会展服务是会展活动质量的重要体现。我国2016年承办的杭州G20峰会和2017年承办的厦门金砖会议则把差异化服务做到了最佳。作为顶级的外事活动，杭州G20邀请工艺大师耗时半年雕刻，成就了宴会厅铜壁画；餐桌装饰则突出中国文化，皆辅以西湖美景、松和牡丹等图案，菜单则是用丝绸制作。而厦门金砖会议中服务贵宾使用的毛巾更是超越了杭州G20峰会选用的新疆毛巾规格：选用了享有"白金"之称的埃及长绒棉作为棉材，品质手感更佳，彰显大国风范及对活动的重视程度。

实战演练

国际会展服务，国家会议中心再呈现"万无一失"

国家会议中心作为中国主场外交的重要会场，迎来第二届"一带一路"国际合作高峰论坛的系列活动，再次以极致服务向中外嘉宾展示行云流水式般完美的"北京服务""中国服务"。

2019年4月25日，中国最重要的主场外交活动——第二届"一带一路"国际合作高峰论坛拉开帷幕。国家会议中心承担了高峰论坛开幕式、企业家大会、12场分论坛、高级别会议等重大活动的服务。此外，将为与会代表、中外媒体记者、工作人员、保障人员提供会议、餐饮、住宿等服务保障。

作为"北京服务"代表，国家会议中心3000余人的服务保障团队严阵以待，贯彻"工匠精神"，一点一滴地在细节上"吹毛求疵"，会场温度、湿度、饭菜口感、卖相、服务语言、手势……每个细微的环节都精益求精，力争让宾客体验到更便捷流畅、细腻温暖的服务。

1. 层层把关，做到"万无一失"

本届高峰论坛服务保障工作相对首届会期更长，强度更大，标准更高。为此，国家会议中心成立了以总经理为组长，各主管领导为副组长的领导小组和以有关部室负责人为组长的16个专项工作小组，为了更快、更好地处理关键信息，增强传递效果，提升执行力，专项工作小组启用扁平化管理模式。组长手机 24 小时待机,做到有问题第一时间解决,小组成员重要信息直接向组长汇报。通过这条最短的指挥链,筹备过程中遇到的问题解决得更加高效、直接。组长靠前指挥,亲自组织午餐分流压力测试,结束后与相关小组针对测试情况进行研究和梳理细节,过滤风险点,完善分流方案,实现人员分流最佳效果。

此外,针对此次保障工作,国家会议中心相继开展了会议服务、餐饮服务、贵宾服务、客房服务、服务英语、媒体应答、安全管理等 141 场专项培训。在 4 月 4 日和 4 月 17 日全要素演练环节,保障团队完整呈现会场、服务、餐饮等方方面面,集团领导亲临会场,实地勘察,亲自体验,检验标准。

2. "空杯"心态,确保全盘皆胜

近年来,国家会议中心不断发挥场馆服务首都"四个中心"功能,持续提升在促进国际交往中心建设的平台效应。从 2009 年 11 月开业至 2018 年年底,国家会议中心累计接待会议、展览、活动共计 8655 个,其中会议和活动 7956 个,展览 699 场,接待总人数超过 3500 万。场馆圆满承接了 2014 年北京 APEC 领导人会议周、2017 年"一带一路"国际合作高峰论坛、2018 年中非合作论坛北京峰会、国际刑警组织第 86 届全体大会、第 39 届国际标准化组织大会、中国国际服务贸易交易会(原"京交会")等活动,以及为杭州 G20 峰会、2017 年厦门金砖国家领导人会晤、2018 年上海合作组织青岛峰会提供服务保障,成为名副其实的"北京服务""中国服务"代表。

尽管拥有丰富的服务接待重大活动经验,但全体员工严阵以待,以"严之又严、慎之又慎、细之又细、实之又实"的工作作风,对标最高标准,以"零经验""第一次"的心态投入到服务保障中。为确保"高规格、高品质、高标准"地完成保障任务,国家会议中心在上届服务保障经验的基础上精心打磨服务细节,实施了景观提升、硬件升级、物资配置、人员培训、会议服务、餐饮服务、菜品创意及住宿服务等专项工作计划。从组织领导体系、服务保障队伍建设、会场布置、接待服务工作等多方面借鉴了首届高峰论坛的筹备经验,更结合"一带一路"主题进行了提升和创新。

3. 打磨细节,画好服务"工笔画"

一个简单的倒茶水的服务可分解为 25 个步骤;贵宾座位茶几上的茶杯,调整到最易于宾客拿握的 45°角……各个岗位的服务人员,严格对标 414 项服务标准,精心筹备,全力以赴。

多年来,国家会议中心在 8000 余个会展活动接待过程中,不断将标准进行再提升,服务品质再升华。为了更好地保障高峰论坛,打造更高端专业服务,国家会议中心将 VIP 服务组更名为"国宾服务队",从服务人员里精挑细选了 11 位综合素质突出的服务人员,并进行了高强度的培训及高密度的实战演练。届时国宾服务队将以一流的标准服务于与会宾客会务、签约服务等重点保障岗位。

4 月 11 日举行的职工技能比赛是高峰论坛前的一次大练兵,"自助餐摆台""贵宾服务""会议摆台""中、西式茶点创新""中式刀工""糖艺制作"六项技能比拼背后是参赛者对每一个细节的深耕与研磨。通过技能比赛和成果展示,工作人员得到切实的锻炼,服务技能水平得到进一步提升。高峰论坛选用的"梅花水晶包""伏特加鳕鱼盏"等茶歇小吃正是从大赛中脱颖而出的。

4. 严抓细抠,呈现"行云流水"服务

为了追求每一个环节、每一个细节、每一项工作的完美呈现,不留下任何遗憾,工作人员

预设问题、困难并形成解决方案,开展内部桌面推演、分场景演练和应急预案演练。筹备过程中,国家会议中心制定了各类服务保障方案及应急预案100余项,开展内部桌面推演、分场景演练、应急预案演练50余次。针对开幕式与高级别会议转场衔接,国家会议中心前后拟定十几种方案,反复推敲,从桌面推演到压力测试、实景演练,最终主会场演练时间均控制在10分钟以内。

26日中午的午餐自助是此次餐饮服务的重点和难点。从高级别会议结束到大宴会厅的转场时间紧、任务重、责任大。转场人流分散,如何以最快的时间合理有序地进行人员分流、指引是场馆面临的一大挑战。为了转场"万无一失",相关服务人员反复演练,不断优化路线,不仅在关键位置设置指引牌,并配备了专门工作人员和志愿者为宾客指引路线、维护秩序,缓解用餐高峰时期的人流压力,做好会务保障工作。

针对服务的重点难点,国家会议中心充分发挥党建引领作用,组建了多支党团突击队:包括60人的会议、餐饮服务突击队;30人的第一党支部转场、引领突击队;10人的大师工作室党员突击队;70人的新闻中心用餐保障突击队。突击队将全力以赴,攻坚克难,以咬紧牙关"钉钉子"的韧劲,做好服务保障,再立标杆。

5. 匠心筑梦,打造"舌尖上的安全"

本届高峰论坛参会国家多、地域广、人数多,宾客的宗教禁忌、饮食习惯、口味皆不相同。国家会议中心从食材的严格甄选,到菜品的设计、研发,摆台的制作都精心打磨,关注每一个细节,同时兼顾创新。餐饮团队发挥"工匠精神",为客人带来舌尖上的享受,并将融入了中国文化的餐饮服务演变为一种特殊的"语言",向来自全世界的宾客讲述中国故事。

为了让参会代表和中外媒体记者吃出新颖、吃出新意、吃出与众不同,国家会议中心餐饮团队制定各类自助菜单69套,茶歇菜单41套,外带餐包菜单7套。每套菜品都不重样,并将精彩的创意融进每一道菜品。例如,以"古丝绸之路"终点罗马为创意元素的"罗马盾牌酥饼"、代表着茶马古道彰显普洱茶历史和内涵的"桂花普洱茶冻",以及让人在微醺中领略蔚蓝大海的"伏特加鳕鱼盏"等。烤鸭、水饺、驴打滚、豌豆黄、芸豆卷等京味儿菜品届时也会亮相。为了保障"舌尖上的安全",食品安全监督检查和抽检抽测方面,场馆严控采购源头,做到来源可追溯,运输、验收、储存、制作各个环节严格把关,食品安全双人双责,原材料、成品双留样。

"主题化餐饮"作为国家会议中心的一大创新,也将再次创造热点和亮点,40件高峰论坛特色餐饮摆台,"共建双赢阁""方圆天地"等创意摆台都在会议期间呈现。最吸人眼球的就是名为"共建双赢阁"的装饰设计,体现共商共建共享双赢理念,造型以汉字"共"为基础,中间有两根红柱,代表着合作双赢的含义。整体造型效仿中国古代建筑结构"柱和梁",体现相互依托、相互支撑的含义。团队花了4个月的时间制作完成,包含了大小摆件52个,使用了糖面雕、泡沫雕、浮雕、木工制作、手工彩绘、果蔬雕等工艺。创作团队大量查阅资料、实地考察,在研习文化风俗的基础上创新研发制作。团队先后30多次易稿,单就手工彩绘这一块反复颜料对色、校对色差,调色就用了80多种颜色。

餐饮团队突破传统摆台制作模式,首次将高科技用于创意装饰中,3D技术打印出来的"丝路光影"装饰,也将在高峰论坛期间亮相,既体现丝路文化又具有中国传统文化元素,呈现出美轮美奂的视觉效果。这些餐饮摆台可以在以后的会展活动中反复利用,既新颖巧妙又符合会议的节俭、绿色之风。

值得一提的是,为了更好地向世界展现源远流长的中华文明、博大精深的传统文化,国家会议中心向中国科学技术馆借用的大雁塔、小雁塔、宋代古海船等11件"国粹经典"展品也将用于餐饮摆台及公共区域装饰。

在这次主场外交服务中,国家会议中心全体员工全力以赴实现"安全运行万无一失,服务接待滴水不漏,力争增光添彩"的总目标,扬国会风采,传北辰精神,亮北京服务,展大国风范,向国庆70周年献礼!

思考:第二届"一带一路"国际合作高峰论坛,国家会议中心的差异化服务体现在哪些方面?

任务三 会展品牌

一、会展品牌的概念、分类和认证

展会是经济发展到一定阶段的产物,尤其是大型展会更需要雄厚的经济实力作为支柱。一个国家或地区拥有多少在国际上享有较高声誉的品牌展会反映了其形象或经济实力,反过来,国家和地区又不断扶持、强化品牌展会的国际地位。从某种意义上说,著名的品牌展会是一个国家(地区)或城市的名片。一个成功的国际会议或展会就是一个形象、生动和直观的新闻发布会。

(一)品牌概述

品牌,英文单词为Brand,出自古挪威文Brandr,中文意思是"烧灼"。当时的人们用这种方式来标记家畜等需要与其他人相区别的私有财产。在中世纪欧洲,手工艺匠人用这种打烙印的方式在自己的手工艺品上烙下标记,用于产品的产地和生产者的顾客识别,这就是最初的商标的产生。16世纪早期,蒸馏威士忌酒的生产商将威士忌装入烙有生产者名字的木桶中,以防不法商人偷梁换柱。1835年,苏格兰的酿酒者使用了Old Smuggler这一品牌,以维护采用特殊蒸馏程序酿制的酒的质量声誉。于是,最初意义上的品牌诞生了。在《牛津大辞典》里,品牌被解释为"用来证明所有权,作为质量的标志或其他用途",即用以区别和证明品质。

1. 国外对品牌的定义

美国市场营销协会(AMA)对品牌定义如下:"品牌是一个名称、术语、标记、符号或图案设计,或是它们的组合运用,其目的是借以辨认某个销售者或某群销售者的产品或服务,并使之同竞争对手的产品和服务区别开来。"

广告先驱大卫·奥威格对品牌下的定义:"品牌是一种错综复杂的象征,是产品属性、名称、包装、价格、历史声誉、广告方式的无形总和"。品牌同时也因消费者对其使用的印象以及自身的经验而有所界定。

品牌专家大卫·菲利普·琼斯把品牌定义为:"能为顾客提供其认为值得购买的功能利益或附加值的产品。"琼斯认为附加值是品牌定义中最重要的部分。她从一万个人中进行抽样调查,90%的人都认为附加值在他们几乎所有的购买因素中起着最重要的作用。

2. 国内对品牌的定义

中国驰名商标保护组织主任委员、学者艾丰先生认为,品牌的直接解释就是商品的牌子,但在实际运用中,品牌的内涵和外延都远远超出这个字面解释的范围。

品牌专家梁中国认为,品牌是凝聚着企业所有要素的载体,是受众在各种相关信息综合性的影响作用下,对某种事物形成的概念与印象。包含着产品质量、附加值、历史以及消费者的判断,在品牌消费时代,赢得消费者的心远比生产本身重要,品牌形象远比产品和服务本身重要。

学者韩光军认为,品牌是一个复合概念。它由品牌名称、品牌认知、品牌联想、品牌标志、品牌色彩、品牌包装以及商标等要素构成。

从以上国内外专家、学者对品牌的定义,我们可以总结出:品牌是制造商、商标、产品和服务质量、标志、色彩、包装等要素的综合,它是一个整体概念。

(二)会展品牌分类

会展品牌即有关于会展活动的品牌,表示该活动的举办具有一定的品质保证,能够区别其他综合质量一般的会展活动。会展品牌的分类可以从以下几个角度理解。

1. 依据区域属性分类

就区域属性整体而言,可分为会展品牌国家和会展品牌城市。

(1)会展品牌国家

以会展活动为例,会展品牌国家像德国、美国、中国、日本、新加坡等,都是组展办展实力强盛的国家。在节庆活动方面,中国传统新年、阿根廷丰富的节庆活动,都在世界上享有盛誉。

① 展览大国,德国。作为欧洲的代表性会展品牌国家,德国是举办国际贸易展会的世界第一大场所。世界领先的行业展会的三分之二在德国举办。每年在德国举办大约150场国际展会和展会,有18万家参展商和约1000万游客参加。在最高营业额方面,世界十大展会公司中有五家位于德国。

② 后起之星,中国。现代展会活动起源于欧洲,第一届世界博览会在英国举办。尽管中国的展览行业发展晚于欧洲,但是随着国家强盛,行业完善,中国目前的会展活动举办水平已得到公认。我国于2008年主办的奥运会、2010年主办的上海世博会、2016年承办的杭州G20峰会等,无一不体现出我国在超大型会展活动上的组织能力、宣传能力和管理能力。

③ 会议之都,瑞士。世界上200多个国际组织的总部或常设办事处都设在瑞士日内瓦,日内瓦每年举办上千个国际会议。

④ 节庆国度,阿根廷。阿根廷是世界上节日最多的国家,它一年中有360多个节日,平均每天一个,仅仅9月21日一天,就有10个节日。

(2)会展品牌城市

从展览角度,2017年3月由上海会展研究院编制发布的新版会展蓝皮书《中外会展业动态评估研究报告2016》,首次提出并运用会展指数SMI(即展馆发展指数、展会发展指数、组展商发展指数),对世界会展城市进行了综合实力的全面排名。

从会展城市综合评价来说,欧洲地区的会展城市实力最强。世界57强会展城市中,欧洲占有 35 个,占比高达 61.40%。其中,德国入围城市最多,共有 10 个城市入围,占世界入围城市总数的 60%。除德国外,意大利会展城市入围 8 个,西班牙 5 个,英国、法国、荷兰和瑞士各 2 个,捷克、俄罗斯、波兰和比利时各 1 个。

美洲会展城市区域聚集特征明显。世界 57 强会展城市中,美洲入围的 6 个城市全部集中在美国,按照得分排名这些世界会展强市依次分别是拉斯维加斯、芝加哥、奥兰多、亚特兰大、休斯敦和新奥尔良。

亚洲入围世界 57 强会展城市共 14 个,占比 24.56%。其中我国独占 10 席,新加坡、泰国、韩国和日本分别各占 1 席。我国入围城市中,上海在世界综合排名中位列第三,国内排名第一。中国会展城市第一梯队分别是上海、广州、重庆、北京,排位分别是第 3、10、21、26 位。其余入围城市包括武汉、义乌、沈阳、深圳、香港、厦门,分别位列第 28、36、46、47、50、54 位。

2. 依据活动属性分类

就活动属性而言,可分为会议品牌、展览品牌、节事活动品牌三大类。

(1) 会议品牌

会议是会展活动的重要组成部分,从原始社会的部落讨论到现在的国际会议,世界会议活动的发展呈现繁荣景象。联合国大会、亚太经合组织(APEC)会议、二十国集团(G20)会议、世界经济论坛(达沃斯)年会、亚欧会议、博鳌亚洲论坛等都是著名的国际会议活动。2016 年,G20 峰会在中国杭州召开,见证了中国成为会议大国的发展,此外,博鳌亚洲论坛作为定期定址在我国举办的会议活动,其会议影响力也不容忽视。

 小阅读 4-4　博鳌亚洲论坛

21 世纪初,亚洲国家和地区保持高速发展,已参与了 APEC、PECC 等跨区域国际会议组织,但就整个亚洲而言,仍缺乏一个真正由亚洲人主导,从亚洲的利益和观点出发,专门讨论亚洲事务,增进亚洲各国之间、亚洲各国与世界其他地区之间交流与合作的论坛组织。1998 年 9 月,菲律宾前总统拉莫斯、澳大利亚前总理霍克和日本前首相细川护熙倡议成立一个类似达沃斯"世界经济论坛"的"亚洲论坛"。论坛于 2001 年 2 月 27 日正式宣告成立,命名为博鳌亚洲论坛(boao forum for asia,BFA),性质为非政府、非营利性、定期、定址的国际组织,并把中国海南博鳌作为论坛总部的永久所在地。从 2002 年开始,论坛每年定期在博鳌召开年会。博鳌亚洲论坛作为我国举办国际会议的重要品牌,不仅彰显我国会议活动举办实力,而且以此为契机把我国海南省打造成为国际会议之都,促进了当地的经济文化发展。

(2) 展览品牌

展会的雏形起源于古代贸易集市、墟,从过去的无专门活动场所,到现在的有组织发展,从民间依然保留的百年集市(如广州的"天光墟")到国际展览活动,展览的组织正逐渐完善,品牌也日趋发展。

世界著名展览如巴黎—布尔歇国际航空航天展会、法兰克福书展、汉诺威工业博览会、德国法兰克福国际汽车及零配件展会、米兰国际家具展会、纽伦堡国际玩具展会等,在各自领域大放异彩,促进了行业贸易交流。我国知名展会有中国国际服务贸易交易会、中国进出口商品交易会、中国国际工业博览会等。表 4-2 为 2020 年全国展览规模前 15 名的项目。

表 4-2　2020 年全国展览规模排名

排序	举办城市	展览名称	展会面积/万平方米	主办机构	类别
1	上海	中国国际进口博览会	36.0	中华人民共和国商务部、上海市人民政府	政府
2	上海	2020年中国国际工程机械、建筑机械、工程车辆设备博览会	32.4	慕尼黑展览(上海)有限公司	外资
3	广州	2020年第56届广东国际美容美发化妆用品进出口博览会	30.0	广东省美容美发化妆品行业协会	社团
4	广州	2020年第27届广州酒店用品展览会	29.5	广东佛兴展览服务有限公司	民营
5	上海	上海国际汽车零配件/维修检测诊断设备/服务用品展览会	28.3	法兰克福展览(上海)有限公司	外资
6	上海	中国国际工业博览会	25.6	工业和信息化部	政府
7	长春	第十九届中国长春国际农业食品博览(交易)会	24.0	农业部、吉林省政府、长春市政府	政府
8	深圳	ITES第21届深圳国际工业制造技术展览会	24.0	深圳市协广会议展览有限公司	社团
9	上海	上海国际时尚育儿产业博览会	23.7	亿百媒会展(上海)有限公司	合资
10	广州	第52届中国(广州)国际美博会	23.2	广东省美容美发化妆品行业协会	社团
11	滨州	2020第十五届中国(博兴)国际厨具节	23.0	山东众联商务会展有限公司	民营
12	重庆	第18届中国国际农产品交易会	22.0	北京雅森国际展览有限公司	民营
13	上海	第83届中国国际医疗器械(春季)博览会	21.7	国药励展展览有限责任公司	外资
14	上海	第26届中国国际家具展览会	20.5	上海博华国际展览有限公司	外资
15	广州	2020广州国际照明展览会、广州国际建筑电气展览会	20.4	广州光亚法兰克福展览有限公司	合资

(3) 节事活动品牌

世界节庆活动数量繁多,弘扬民族传统节庆,充分发挥现代节庆的文化传播和经济发展促进作用是一个重要的议题。如中国传统的春节、西方国家的圣诞节、慕尼黑啤酒节、奥运会、世界杯等。

以中国曲阜国际孔子文化节为例。中国曲阜国际孔子文化节是国家级、国际性"中国旅游节庆精选"之一,始创于1989年9月,其前身是孔子诞辰故里游,于每年孔子诞辰(公历9月28日)期间,即公历9月26日至9月28日,在中华民族始祖轩辕诞生地、孔孟之乡、运河之都、著名历史文化名城曲阜市举行。中国曲阜国际孔子文化节主要是以纪念孔子、弘扬民族优秀文化为主题,达到纪念先哲、交流文化、发展旅游、促进开放、繁荣经济、增进友谊的目的。通过举办国际孔子文化节,弘扬了中华民族优秀传统文化,为世界文化交流搭建了桥梁,也促进了当地文化、旅游、学术和经贸发展。

(三)会展品牌的认证

1. 展览认证

目前,会展品牌的认证主要集中在展会活动上。国际上公认的展览认证是 UFI 认证。UFI 是国际展览联盟(union of international fairs)的简称,标志如图 4-6 所示。UFI 于 1925 年 4 月 15 日在意大利米兰成立,总部设在巴黎。UFI 创办之初由 20 个欧洲国际展会主办,2003 年 10 月 20 日在埃及开罗举行的大会决定,将 UFI 更名为"全球展览业协会"(the global association of the exhibition industry),仍简称 UFI。UFI 是迄今为止世界展览业最重要的国际性组织。

图 4-6　UFI 的标志

UFI 批准的活动标签是高质量展览的全球权威印记,为参展商和访客提供了良好的业务决策基础,他们可以依靠 UFI 认证的国际活动标签来选择最好的展览体验。任何有兴趣申请 UFI 会员资格的人员必须至少将其中一个展览审核为 UFI 认证活动或 UFI 认证国际活动,以成为会员。

2. 节庆活动认证

节庆活动认证主要经国务院和原国家文化部正式审定批准。冠国家级名号的节庆活动,标志着该活动具有相当的组织传播意义、规模及品质。例如,作为河南洛阳的名片,于每年 4 月举办的"中国洛阳牡丹文化节",前身为洛阳牡丹花会,始于 1983 年。2010 年 11 月正式批准升格为国家级节会,更名为"中国洛阳牡丹文化节",由国家文化部和河南省人民政府主办。目前"中国洛阳牡丹文化节"已入选国家非物质文化遗产名录。其他国家级节庆活动,还有中国曲阜国际孔子文化节、中国吴桥国际杂技艺术节、青岛国际啤酒节等,都是具有代表性的传统品牌节庆活动。

二、"互联网+"下的会展品牌

(一)"互联网+"会展品牌

1. "互联网+"的含义

"互联网+"即互联网行业与其他传统行业的结合,借助互联网优势助力传统行业发展,通过融合迸发出新的行业生机。"互联网+会展"则是指互联网行业与会展行业相结合,会展行业通过借助互联网的优势实现互补或增强,从而促进会展行业的发展。

2. "互联网+"下的会展品牌

随着以移动互联、云计算、大数据、物联网等为标志的新一代信息技术的不断发展,如今的传统行业都在互联网大潮的包围下面临着重要改革,传统的会展行业也不例外。2015年,《国务院关于进一步促进展览业改革发展的若干意见》提出,"加快信息化进程。引导企业运用现代信息技术,开展服务创新、管理创新、市场创新和商业模式创新,发展新兴展览业态。举办网络虚拟展会,形成线上线下有机融合的新模式。推动云计算、大数据、物联网、移动互联等在展览业的应用"。在此大环境下,"互联网+会展"应运而生。

目前,会展活动的传统会展活动宣传方式、场地预定方式、入场管理方式、展会组织模式正在逐步发生变化。"自媒体"蓬勃发展,微博、微信等即时交流工具成为人们获取信息的重要渠道,大部分会展活动、活动组织者、相关组织协会都已经拥有自己的官方网站、官方认证微博、官方微信和公众号,通过自媒体工具及时发布会展活动信息并与客户形成良好互动。

随着"互联网+"的落地,各类型会展活动中都能感受到互联网行业的融合魅力。会展行业将全面拥抱互联网时代,互联网发展正成为国民经济的一大新引擎。

"互联网+"下的会展活动借助并发扬互联网优势,具有普适性、开放性、高效性、聚集性特征,与传统的会展活动相比,网络会展在时空、资源、效益等方面有着明显的优势。网络会展与实体会展的比较如表4-3所示。

表4-3 网络会展与实体会展的比较

比较项目	网络会展	实体会展
基础平台	互联网	会展场馆
展出方式	虚拟展示	实物展示
交流方式	人机互动	人与人互动
时空	全天候、无边界	只存在于会展期间或会展举办地
参观者	全球网民	以本国本地区的参观者为主
参展对象	几乎所有产品和服务	有形产品为主
参展业务	可扩展至其他业务	产品展示为主
成本	成本低	成本高
资源	资源优势	重复使用率低
经济效益	高,长期效益	相对低,短期效益
社会效益	环保节能优势	环境污染严重

图表编制:中国电子商务研究中心。
数据来源:http://www.100EC.CN.

(二)会展品牌的创建

会展活动的质量是品牌的前提和重要保证。虽然我国的会展业发展晚于欧美,但是随着经济和行业的发展,我国已圆满举办了多次国际性的会展活动,均受到国际社会的一致好评,实力证明中国是国际会展活动举办的品牌保证。

会展活动品牌的建设需要精准把握时代发展的趋势,这样才能打造和维护具有品牌号召力和市场经济并重的会展品牌。O2O2O 即 online to offline to online,意为通过在线(online)推广的形式,引导顾客到地面体验店(offline)进行体验,之后再通过电子商城进行在线(online)消费的形式,是最新的闭环消费打造模式。例如,励展华百展览(北京)有限公司于2017年与京东集团达成战略合作,共同打造 O2O2O 营销模式,形成长尾效应,为传统展览的发展注入新的活力。

实战演练

第127届广交会网上举办　腾讯成技术服务商

2020年4月15日,中国对外贸易中心(集团)确定腾讯成为第127届广交会技术服务商,为广交会网上举办提供整体技术支持、平台研发服务与云资源支撑。

中国进出口商品交易会又称广交会,自1957年创办以来,已成为中国外贸第一促进平台,是中国对外开放的窗口、缩影和标志。截至第126届,广交会累计出口成交约14126亿美元,累计到会境外采购商约899万人。目前,每届广交会展览规模达118.5万平方米,境内外参展企业2.5万家,210多个国家和地区的约20万名境外采购商与会。

在当前疫情形势下,第127届广交会将迎来创新之举——搬到网上举办,这也是中国首次完全以网络形式举办广交会。商务部外贸司司长李兴乾表示,把连续举办60多年120多届的全球贸易盛会搬上云端,不是简单的复制,而是一个全新的结构设计和流程再造。

据了解,6月中下旬在网上举办的广交会将会呈现三大互动版块,使得展示对接、洽谈、交易融为一体,为境内外参展企业和采购商打造高效的线上体验。商务部也将推动2.5万家广交会参展企业全部上线展示。

腾讯高级执行副总裁、云与智慧产业事业群总裁汤道生表示,非常荣幸能成为广交会指定技术服务商,腾讯将为智慧广交会建设提供全方位的技术支持,实现线上线下服务的高效对接,全面助力复工复产,激活全球贸易经济新动能。

腾讯将基于20年来积累的技术和生态优势,充分利用微信、腾讯云、腾讯会议、企业微信、翻译君、企点等产品和服务能力,联合加强供采对接服务,在线举办专场对接活动,加大线上撮合力度,提升办展成效。

同时腾讯还将为本届广交会搭建网上直播平台,为参展企业单独设立24小时全天候网上直播间,企业既可以与客商在网上进行单独面对面洽谈,也可以通过网络直播,向全球的客商进行宣传和推广。

除此之外,腾讯将全程提供产品技术、云资源等数字建设支撑,在展前、展中、展后全覆盖,为广交会提供系统技术支持,推动云端化、系统化、全球化发展,力求将首次在网上举办的广交会办得更加精彩,打造国际一流的优质特色商品线上外贸平台,让中外客商足不出户下订单、做生意。

目前,腾讯团队已与中国对外贸易中心(集团)就网上举办广交会与腾讯展开多轮研究和探讨。腾讯云副总裁曾佳欣表示,腾讯将全力保障第127届广交会在网上顺利举办,同时还将持续输出智慧会展产品技术,携生态合作伙伴助力会展行业创新发展。

(资料来源:人民网,2020-04-17)

思考:腾讯成为第127届广交会技术服务商,将在哪些方面为网上广交会提供技术支持和服务?

模块小结

本模块阐述了会展产品的内涵,解释了会展产品生命周期,特别强调了会展差异化服务。在此基础上,列举了会展品牌的分类和认证,举例说明了互联网+下的会展品牌创建的途径。

问题思考

1. 会展产品的价值体现在哪些方面？
2. 举例说明会展产品的生命周期。
3. 会展服务的内容有哪些？
4. 会展服务差异化的必要性体现在哪些方面？
5. 简述会展品牌塑造需要注意的事项。

模块五

会展产品定价

👉 学习目标

知识目标：
- 认识会展产品定价的意义；
- 掌握会展产品定价的方法；
- 掌握会展产品定价的策略；
- 掌握会展产品调价策略。

能力目标：
- 针对具体会展项目制定产品价格策略；
- 根据不同参展商特点选择会展产品调价策略。

学习重点：
- 掌握会展产品定价方法和策略；
- 掌握会展产品调价策略。

学习难点：
- 根据会展项目及参展商情况灵活运用会展产品定价策略。

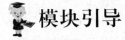模块引导

第二届进博会展位价格与首届持平

中国国际进口博览会（china international import expo，简称进博会、CIIE）是世界上首个以进口为主题的大型国家级展会，由中华人民共和国商务部、上海市人民政府联合主办，旨在坚定支持贸易自由化和经济全球化、主动向世界开放市场。首届进博会于2018年11月5日在国家会展中心（上海）举行。开幕当天，2019年第二届进博会的展位费已经"明码标价"对外公布，吸引了不少展商的注意。

第二届进博会参照首届进博会依然设立七大展区，但名称稍有不同，分别是装备展区、科技生活展区、品质生活展区、汽车展区、食品及农产品展区、健康展区、服务贸易展区。根

据展位预订办公室提供的宣传册页,2019年第二届进口博览会的展位价格,按室内展馆与室外展场分别计价。其中,室内展馆一个标准展位(面积9平方米)的展位费是3000美元或者2万元人民币;光地的费用每平方米为300美元或2000元人民币(36平方米起)。室外展场的价格又比室内光地便宜,每平方米报价是200美元或1300元人民币,也是36平方米起算。有意向的参展商在首届进博会开幕式之后可到展馆现场的预订办公室填写表格(《2019中国国际进口博览会参展申请表》),预订2019年第二届进博会的展区和展位,也可以在进博会官网上在线提交。

与2018年首届进博会一样,提前预订展位的展商依然可以享受到"早鸟价",具体来说,在2019年1月31日之前(含1月31日)签订参展合同且签约后一个月内付款50%(含)以上的参展企业,可享受展位费8折优惠。

总体来看,第二届进博会的展期、面积、范围、价格与首届基本保持一致,并做了优化调整,展位费在价格上与首届持平。

(资料来源:俞凯.澎湃新闻,2018-11-03)

思考:对于进博会这样有影响力的国际化展会,主办方针对不同的展位以及参展商的情况是如何进行定价的?

任务一　会展产品定价概述

一、会展产品的定价目标

会展公司对会展产品的定价是保障经营活动盈利的关键,不同的会展公司对会展产品有不同的定价目标,主要体现在以下几个方面。

1. 以进入市场维系稳定为定价目标

当会展产品初入市场,以寻找市场位置、提高市场的认知和竞争力为目标时,对产品的定价应遵循定价较低的原则,只求收回成本,使会展公司的该会展产品平稳过渡,短时间内占领市场份额,维系产品的稳定。

2. 以占领市场赢得最大利益为定价目标

占领市场和获取利益最大化是所有会展公司的终极目标。当会展产品占有较大市场,具有核心竞争力,具有较高荣誉及口碑时,企业可以根据市场的需求及时调整产品的价格,以追求最大利润作为长期指导目标。

3. 以同类竞争产品的价格为定价目标

价格是市场竞争中最重要的手段和方式。当会展产品即将投入市场时,可以参考同类产品的价格。当会展公司的资金雄厚,产品具备较强的吸引力时,可以采取比同类产品定价较低的价格,从而占领市场,将同类产品挤出市场,保持自己在市场的绝对优势;当会展公司规模实力较弱,产品不具备引领市场同类产品时,可以降低成本,以低于市场同类产品的价格,进入市场,占领市场份额。

二、会展产品的定价方法

对公司来说,价格定得过高,会遭到购买者的拒绝,无法产生有效需求;价格定得过低,会损害公司的盈利能力。所以制定合理、科学、增强市场竞争能力的价格对公司来讲是至关重要的。定价方法有以下三种。

(一)成本导向定价法

1. 成本加成定价法

会展产品的成本作为定价的基本依据,总成本又分为可变成本和固定成本,这两者的成本加成率是市场营销的一个概念,它是指企业一定百分比的利润,加成率是定价的关键,不同会展产品不同,一般按照某产品形成的惯例来确定加成率。不同产品类型的加成率不同,同一产品类型,不同会展公司的加成率也不尽相同。该方法具有计算简单、简便易行的优点,按此方法定价公司可以获得预期盈利。计算公式如下:

$$单位产品定价 = 单位产品的成本 \times (1 + 成本加成率)$$

2. 目标利润定价法

目标利润定价法是根据产品的总成本和确定目标利润来制定产品的价格。在计算过程中需要先预估算出未来的时间内该产品的销售量,以及该产品的目标利润,即可计算出该产品的单位价格。计算公式如下:

$$单位产品定价 = 单位产品的成本 + \frac{目标利润}{预计销售量}$$

成本加成定价法和目标利润定价法是有区别的。前者计算方便,但是它缺乏灵活性,忽略了市场的需求性和产品之间的竞争性,考虑角度也是从生产方角度出发,公式过于完美化,不切实际。

(二)需求导向定价法

需求导向定价法主要通过购买者对于产品的认知和需求,决定会展产品的价格。

1. 认知定价法

认知定价法并不是根据该产品的成本或是销售业绩而制定的单位定价,而是通过市场购买者的需求和消费水平而制定的产品定价。采用该定价法的关键在于,要让所有的购买者充分了解、熟识该产品。如果会展公司过高地估计了该产品,价格定得过高,就会出现供过于求;如果会展公司将产品定价过低,就会使企业收益降低,低于它应有的实际市场价值。

2. 差别定价法

该定价方法依然不是根据产品的单位成本所制定的单位定价,是根据需求的差异性而制定的单位定价。就产品而言,如果购买者条件相同,那么产品也会因为时间、地点、区域、样式、款式、颜色等差异而不同。就购买者的需求而言,如果同样的产品,也会因为购买者的地域、年龄、性别、文化程度等差异而不同,所以差异定价法就是将市场细分化,实行差异定价。

（三）竞争导向定价法

竞争导向定价法就是根据相同市场的同类竞争产品的价格来决定该产品的价格。

1. 随行就市定价法

根据该产品的成本、人力、地域、物流等因素，结合并参考现有市场同类产品的价格，决定该产品的单位价格。这样定价不会因为价格过高而失去市场，也不会因为价格过低而损害公司的利益，属于一种比较平稳的定价方法，同时也可以保证站稳市场，获取利益。

2. 竞争价格定价法

它与随行就市的方法相反，并不追随市场的同类产品的定价，而是根据自己产品的特点，结合成本、人力、地域、物流等因素，或高于同类产品的价格，或低于同类产品的价格。但该产品一定是具有很强的灵活性和优势，还要求会展企业有很雄厚的实力。

3. 密封投标定价法

这种定价方法也比较多见，该方法通过招投标，邀请供应商或购买商结合自己的情况考虑成本和利润，将自己的预估价格报给招标人，等待开标。这种方式一般可以使招标人得到最公开、最优惠、最灵活的价格，也有利于商家们的良性竞争。

三、产品组合定价

会展公司推出产品，往往不是单一的推出，而是推出许多会展产品甚至将会展产品和会展服务捆绑在一起推出，从而获取产品组合的利益最大化，增加销售，降低运营成本。产品组合定价需要掌握如下技巧。

1. 产品线定价

产品线定价根据产品线内各项目之间在质量、性能、外观、款式、成本、市场需求等方面的不同，参考同类产品在市场中的价格，确定每个产品项目之间的价格差距，以使不同的产品项目形成不同的市场形象，吸引不同的消费群体。

2. 特色产品定价

产品组合中有一产品是特色产品，是受欢迎的主要产品，则将这类产品的定价低于市场中同类产品的价格；另外产品为附属产品，可以定价较高。这样既可以提高核心产品在同类市场中的竞争力，又通过附属产品保证了利润水平。这样的产品组合一定是这两类产品缺一不可，要在一起组合销售。

3. 捆绑产品定价

将产品捆绑在一起销售，捆绑价格低于单件产品价格的总和。虽然购买者可能并不需要其中的某一产品，但是由于它的价格低于单一产品，购买者也会捆绑购买，已取得价格的最大利益化。

小阅读 5-1　第八届食品资本中国年会暨全食展电商节活动报价

为了进一步促进广大食品饮料企业与金融、电商等高端行业资源的对接，推动中国食品饮料行业良性健康发展，由中国副食流通协会支持，龙品锡展览主办的"2020 全食展—中国食品饮料电商节"定于12月25—26日在上海世博展览馆举办。2020全食展电商节规划展出面积10 000平方米,预计参展企业120余家,专业观众1.2万人次。同期,由龙品锡资本、《食品资本》新媒体主办的"2020第八届食品资本中国年会""2020食品资本总裁邦"第二期,定于2020年12月25—26日正式在上海世博展览馆举行。论坛预设席位980个。论坛现场将发布:"2020中国食品资本最具投资价值企业25强""2020中国食品资本十大投资机构"榜单等。2020中国食品饮料电商论坛也将同期举行,并发布"2020中国食品饮料电商25强""2020—2021中国进出口网红食品50强"。

论坛＋精品展,食品电商＋资本,2020第八届食品资本中国年会暨全食展电商节,商机无限,主办方诚邀您的莅临,展览展示、参会学习、交流交易,共同合作。

活动时间:12月25—26日

活动地点:上海世博展览馆

活动规模:规划展出面积10 000平方米,预计参展企业120余家,专业观众1.2万人次

活动费用:

光地:1480元/平方米(36平方米以上起租)

光地(优):1780元/平方米(需参展商自行搭建)

标准展位:14 800元/9平方米;19 800元/12平方米

标准展位(优):22 800元/12平方米(标准展位两面开口展位费增加10%,三面开口展位费增加20%)

附赠参展企业价值3980元的合作伙伴参会嘉宾门票,包含2020第八届食品资本中国年会及2020食品资本总裁邦嘉宾门票以及晚宴、交流活动等费用。

四、常用定价策略

会展公司制定产品的定价策略是为了实现预期的经营目标。通过改变内因和外因,制定产品价格方案和策略,从而占领市场,取得利益的最大化。

(一)根据产品生命周期的不同区分

根据产品生命周期的不同,定价的策略有所不同,产品的成本、销售额、利润、市场的竞争和购买者的需求都是不同的。

1. 进入期的特点及定价策略

(1)特点:当产品新进入市场,它的特点是成本高、营销费用大、销售额少且竞争力不大。由于该产品刚被投入市场,它的生产数量少,所以生产成本高;不被大家所熟知,所以要加大推广,营销费用高;由于未占领市场,需求量小,所以销售额也少;在市场中缺乏竞争能力。

(2)定价策略:进入期的产品主要经营目标是迅速将新产品投入市场,扩大生产,增加现金流。

2. 成长期的特点及定价策略

(1)特点:产品已被购买者熟识,需求量大、生产成本降低、利润增加、市场的竞争力加

大。价格不变的情况下,降低成本,可以增加利润;销售额提高,市场份额扩大,同类产品的竞争增大。

(2)定价策略:成长期就是要加大产品对市场的占有,扩大市场,提高占有率。这就要求进一步提高产品质量,改进、改善产品,具有更强的竞争能力;进一步加深该产品在市场乃至需求者心中的信任度,创立品牌效应;增加产业链,扩大生产线,拓展市场的空间;可以适时适度地降低价格或是加强促销机制,吸引更多的购买者,进一步扩大市场份额。

3. 成熟期的特点及定价策略

(1)特点:产品在市场占有率极高或是即将达到市场的饱和;生产量过剩,积压产品;利润降低;竞争十分激烈;分销渠道密集。由于降低成本,增大库存,大量的投入生产,以至于市场饱和,生产过量,积压产品,供过于求,大大降低了销售额;而市场上同类产品推陈出新,竞争十分激烈。

(2)定价策略:从产品的横向需求扩展,开辟新市场,增加购买者,加大销售额;进行同类新产品的研发,使其再一次占领市场;从价格策略上可以推进组合策略、推进促销策略及其他促销手段,增加销售额。

4. 衰退期的特点及定价策略

(1)特点:产品的销售额持续下降、产品滞销、利润下降、购买者毫无兴趣,慢慢地从市场上退出。

(2)定价策略:为了降低损失,不惜降低价格,增加各种促销手段,甚至价格降低至成本以下,为了减少产品的库存;马上停止生产、投入到其他产品生产当中。

(二)根据产品的特点区分

根据产品的特点区分,定价策略包括:新产品定价策略、折扣定价策略、心理定价策略、差别定价策略和组合定价策略。

1. 新产品定价策略

新产品投入市场,是否能适应市场并占领市场,价格是一个关键,价格过高过低都直接影响着产品乃至产品链的生存和发展。

表5-1是新产品定价策略的三种定价方法,三种方法各有利弊,根据不同产品的质量、外观、性质、成本、地域、营销方式、宣传理念等因素,要综合分析,合理定价。

表5-1 新产品定价策略

策略类型	适用商品	策略特点	策略优势	策略劣势
撇脂定价策略	此类产品一定是自身质量高、受欢迎程度高、市场中同类产品无法模仿和替代	以较高的价格进入市场,获取现金回流,再调整价格,占领市场	将价格定得比较高,取其精华,短期间内收取大量的现金流利益,减小风险	由于进入市场的价格较高,如果求购者不满意价格,就不会被市场认可和需要,极有可能会退出市场

续表

策略类型	适用商品	策略特点	策略优势	策略劣势
渗透定价策略	此类产品市场规模大,被需求量大,存在着较强的竞争潜力	适合商场上同类产品众多,在质量保障的前提下,缩减成本,降低价格,从而需求量增加,回笼资金	以低价进入市场,薄利多销,以低于市场上同类产品的价格打开市场,迅速占领市场份额,获取利益	由于进入市场时就定价较低,回收成本慢,收益不高,由于价格过低,还容易被怀疑质量不好,不被信任
满意定价策略	此类商品市场很大,是必须商品,需求价格弹性较小	介于撇脂定价和渗透定价之中,定价既不像撇脂定价那么高于同类产品,也不像渗透定价低于同类产品	价格稳定,既可以让企业满意,收到效益,又可以让求购者满意、信任	价格保守,应变性差,不适合多变、竞争激烈的市场环境

2. 折扣定价策略

折扣定价是产品通过各种折扣来吸引求购者,扩大销售,提高市场占有率。折扣方式的灵活性直接给企业和求购者带来最直观的收益,具体特点如表5-2所示。

表5-2 折扣定价策略

折扣策略	策略特点
数量折扣	按照数量给予折扣,数量越多,折扣越大,鼓励求购者大量购入,获取更大的利益,降低成本
现金折扣	为了增加销售额,增大现金流,实行现金折扣,有效促使买者提前付清全款,减少企业的风险
季节折扣	产品是季节性的销售,在淡季时,实行大力度的折扣,减少库存,增加销售额,加快现金周转,增大利润
交易折扣	根据中间产业链的各种业务功能,给予不同的折扣,补偿中间商的有关成本和费用

3. 心理定价策略

心理定价策略是指企业定价时,利用顾客心理有意识地将产品价格定高些或低些,以扩大销售,具体特点如表5-3所示。

表5-3 心理定价策略

心理定价策略	策略特点
吉祥数字定价策略	以人们认为的吉祥数字定价,例如,中国人喜欢数字6和8,对4忌讳
尾数定价策略	以奇数作为尾数定价,会让求购者相信价格的真实性,一般适用于中低档的产品
整数定价策略	整数定价法就是把产品的价格定为整数,一般适用于高档、知名的品牌。此定价可以把产品和消费者的身份抬高

续表

心理定价策略	策略特点
预期定价策略	此类产品在市场上的同类产品很多,求购者已有了心理价位,那么定价时参考此价位即可定位出该产品的价格
捆绑定价策略	捆绑式就是将该产品本身的价值和它相应的物流、售后服务和后期服务等捆绑在一起,制定价格捆绑出售
特价定价策略	让此类产品的价格低于同类中的产品,引起求购者的兴趣,从而增加销售额,增大利润

4. 差别定价策略

对于相同的产品,由于一些差异的因素,导致制定的价格也不尽相同。一般包括如下差异因素。

(1) 产品样式的差异:同样原材料的产品,由于包装、规格样式的不同,制定的价位也不同。

(2) 求购者的差异:同样的产品,由于求购者的年龄、性格、文化程度、对产品的需求程度和消费能力等不同,制定的产品销售价格也不相同。

(3) 地点的差异:相同的产品,由于制作原材料的产地厂房、人力、劳力等能力不同,价格也是有偏差的,由于地区的需求量和购买力不同,导致产品的价格也是不同的。

(4) 时间的差异:相同的产品,制作及销售的时间不同,成本及需求量、购买力也不相同,所以制定的产品价格也有所差异。

5. 组合定价策略

当产品由于各种专属特性需要组合定价时,该产品与附属产品的单价定价和组合定价就被若干因素所影响。具体可见上述产品组合定价。

实战演练

第十六届中国国际动漫游戏博览会(CCG EXPO 2020)门票组合

1. CCG EXPO 简介

自 2005 年开始,原国务院文化部(今文化和旅游部)与上海市政府共同主办中国国际动漫游戏博览会。中国国际动漫游戏博览会和卡通总动员(Cartoon Comic Game Exposition, CCG EXPO)至 2020 年已成功举办了十六届。展会各具特色,中国国际动漫游戏博览会是一个促进商务交流、倡导跨领域渠道合作的商业会展;卡通总动员是一个面向动漫爱好者以及广大家庭的欢乐盛会。展会的合并举办做到了优势互补,使其既成为一个面向动漫游戏产业链上企业的专业交易、交流平台,也成为面向动漫爱好者培养动漫消费、动漫生活理念的卡通动漫嘉年华。

2. CCG EXPO 门票组合

CCG EXPO 门票组合及票价如表 5-4 所示。

表 5-4 CCG EXPO 门票组合及票价

票别名称	分类	使用时间	票价/元
优惠套票 （3日套票）	套票1	7月16+18+20日	180
	套票2	7月16+19+20日	
	套票3	7月17+18+20日	
	套票4	7月17+19+20日	
指定日票 （单日）	平日	7月16、17、20日 （任选一天）	70
	周末	7月18、19日 （任选一天）	110
VIP票 （单日+专属限定）	平日票套餐	7月16、17、20日 （任选一天）	999
	周末票套餐	7月18—19日 （任选一天）	

组合1：优惠套票福利

拍2天送1天超划算，只花180元，就能拍到价值250元的门票，等于免费赠送一张平日票。

组合2：VIP 周末票套餐

（1）HELLO KITTY/RX-78-2-高达 1 只

（2）DX 飞电零-驱动器 亚太地区特供版 1 只

（3）VIP 票（1张，7月18日或7月19日二选一观展）

组合3：VIP 平日套餐

（1）RG 1/144 高达 1 只

（2）HG 1/144 高达 00 天翔型 彩色透明版 1 只

（3）SDCS 扎古Ⅱ 1 只

（4）VIP 票（1张，7月16日、7月17日、7月20日三选一观展）

思考：请同学们分析第十六届中国国际动漫游戏博览会门票组合定价策略。

任务二 会展产品调价

一、会展产品调价考虑的因素

在市场中，由于产品本身、同类产品的更新交替、市场环境的供求变化等原因，不得不对产品本身的价格进行调整，以满足企业对产品的供求需要、企业的生存及盈利需求。会展产品调整价格考虑的因素有：调整价格的原因、调整的策略、求购者对于价格调整的反应，以及同类竞争者的反应等，影响会展产品调整价格的因素汇总表如表5-5所示。

表 5-5 影响会展产品调整价格的因素汇总表

价格调整	调整原因	调整策略	求购者的反应		同类竞争者的反应
			有利反应	不利反应	
提高价格	(1) 当产品供不应求时，要提高价格，扩大销售 (2) 要树立比同类产品档次高的产品的高的形象	(1) 减少或取消附加功能、取消免费上门、送货、售后增值服务、送礼品等是提高实际销售价格 (2) 取消打折销售策略	当价格上涨时，求购者会认为该产品在市场上具备一定的竞争实力，所以也会采取更大的利润，想获取更大的利润，避免随价格继续上涨日后价格上涨	当价格上涨时，求购者会认为该企业获取了一定的口碑和市场份额，想获取更大的利润，所以价格上涨，从而不再选择购买该产品	当某一企业的产品价格提升时，其他同类产品的企业会考虑价格策略，是否要刺激市场，进一步占领市场；②该企业是否研制了新产品，改良了原替代品
降低价格	(1) 当产品供大于求，要降低价格，扩大销售 (2) 同类产品竞争激烈，降低价格，占领市场	(1) 增加附加功能，如价格不变的情况下，增加免费上门、送货、增值服务、实际品等是一种降低销售价格的一种方式 (2) 增加打折销售策略	当产品本身的质量、包装没有变化而产品的价格下降时，求购者会更乐于购买，觉得是企业想要增大销量、占领市场的行为	当产品的价格低于同类产品时，求购者会认为是产品的本身质量有问题所以价格下降了，或是觉得该产品企业经营不下去了，赔本甩卖	当某一企业的产品价格下降时，其他同类产品的企业会考虑：①该企业的产品价格下降，是否要占领市场，扩大销售；②该企业经营是不是出现问题了

二、同类企业产品价格调整策略

当会展企业遇到同类产品价格调动时也应采取相应策略,同类企业产品价格调整策略如表5-6所示。

表5-6 同类企业产品价格调整策略

同类产品＼自身产品	价格上调	维持不变	价格下降
价格上调	当同类产品价格上调时,自身产品可以随行就市,提高价格,但就抢占市场而言,决不能单纯地提高价格,而是还要提高产品本身的质量,改良产品,增加产品的其他附加功能,提高竞争能力	如果同类产品市场份额不大,自身产品占领市场份额较大时,同类产品价格上调,对市场影响不大,这时自身产品可以维持价格不变	当同类产品价格上调时,自身产品可以价格下降,产品质量相同的前提下,价格的下调可以更迅速地占领市场,促进销售,增大利益
价格下降	当同类产品价格下降时,自身产品可以将价格上调,从而从市场当中脱颖而出,赢得求购者的信任,但是一定要有过硬的品质保证,从而占领市场	如果同类产品市场份额不大,自身产品占领市场份额较大时,同类产品价格下降,对于市场影响不大,这时自身产品可以维持价格不变	当同类产品价格下降时,自身产品可以随行就市,降低价格,占领原本的市场份额,但是不可恶意破坏市场,变成恶性降价

 小阅读 5-2

第13届中国(天津)国际装备制造业博览会

The 13th China(Tianjin)International Machine Tool Exhibition

时间地点:2017年3月9—12日　　　天津·梅江会展中心

主办单位:中国机械工业联合会、中国国际贸易促进委员会机械行业分会、振威展览股份有限公司

支持单位:天津市工业和信息化委员会、天津市商务委员会

组织机构:振威展览·天津振威展览股份有限公司

展品范围如表5-7所示。

表5-7 展品范围

金属切削机床、加工中心	钣金及激光切割设备
金属成形设备	智能装备及3D打印设备
特种加工机床	检测仪器、量仪、工量具与试验设备
锻压、压铸机械	表面加工、表面处理
模具及板材加工设备	数控系统与现代制造技术
磨料磨具	超硬材料
柔性制造单元及制造系统	机床附件、功能部件与辅助装置
大型智能工程机械设备	各类软件制造、网络技术
工业塑料及橡胶	其他机械加工设备与技术

价格方案如下。

方案一：展台展示，量身定制企业形象展台。

展台展示	展位规格	国内企业	国外企业	备注信息
	空地 36 平方米起	1000 元/平方米	2000 元/平方米	空场地不带任何展架及设施，展商可自行安排特殊装修或委托组织单位推荐的搭建公司
	标准展位 9 平方米	9800 元/个	20 000 元/个	包括地毯、三面围板、公司名称楣板、咨询桌一张、椅子两把、射灯两盏、电源插座一个

方案二：同期活动，目标客户深度交流。

技术交流会	国内企业	国外企业	展会期间，组委会将配合参展企业举办技术交流会，内容自定。每场交流会 1 小时，并提供音响、投影仪、幕布、矿泉水等相关服务
	8000 元/场	18 000 元/场	

方案三：会刊广告，不谢幕的展会推广。

会刊广告	封面	封二/三	扉页	封底	彩色跨版	彩色内页
	25 000 元	12 000 元	10 000 元	18 000 元	8000 元	4000 元

方案四：现场宣传，植入品牌形象。

现场宣传	商务请柬	25 000 元/40 000 张	背面全版广告	21 厘米×17 厘米
	手提袋	40 000 元/5000 个	单面全版广告	28.7 厘米×33.5 厘米×8.5 厘米
	桁架广告	20 000 元/个	整幅形象广告	展馆中央大厅 5 米×5 米

方案五：赞助合作，定制化推广方案。

赞助合作	组委会诚邀优秀企业冠名加入协办赞助单位，共同打造名牌产品战略。大会设三个协办赞助单位等级，组委会提供全程宣传解决方案(协办、赞助方案)

方案六：黄金广告，不容错过的市场宣传机会。

现场广告	组委会汇总展会资源，提炼高效率宣传平台，打造天津机床展《十大黄金宣传机会》广告手册，为广大企业提供最优宣传平台和机会，详见手册

(资料来源：中国(天津)国际装备制造业博览会大会官网，删节整理)

实战演练

以小组为单位，选定一个会展项目，对项目中的产品进行定价。要求：制定会展项目定价目标，分析参展商客户需求，制定会展项目价格策略，并列出价格表。

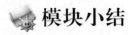 **模块小结**

本模块列举了会展产品的定价方法,分析了会展产品定价的策略。在此基础上汇总了会展产品调价考虑的因素,并对同类企业产品价格调整策略进行了说明。

 **问题思考**

1. 会展项目营销中会展产品的定价目标有哪些?
2. 会展营销有哪些产品定价方法?
3. 根据产品生命周期的不同,如何确定会展产品定价策略?
4. 会展产品调价需要考虑哪些因素?

模块六

会展营销渠道

学习目标

知识目标：
- 了解会展营销渠道的内涵、类型和特征；
- 掌握会展营销渠道传播和策略；
- 了解会展渠道冲突的含义及管理方式；
- 了解会展物流的概念、主体及特点。

能力目标：
- 掌握会展营销渠道传播形式；
- 掌握招展招商策略；
- 掌握会展物流运作流程。

学习重点：
- 会展营销渠道策略。

学习难点：
- 会展营销冲突管理；
- 会展物流作业。

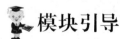模块引导

2019中国北京世园会国际招展及筹备情况发布会

2019中国北京世界园艺博览会，是由中国政府主办、北京承办的国际级别最高的世界园艺博览会，办会主题是"绿色生活，美丽家园"，举办时间是2019年4月29日至10月7日，会期162天。

为实现北京世园会提出的100个官方参展者和100个非官方参展者的"双百"招展目标，组委会层面建立了由外交部、国家林业局、贸促会、中国花卉协会和北京市，以及政府总代表组成的"5+1"国际招展机制，对国际招展工作进行统一规划、指导和实施，将通过重点

公关和游说等方式,高质保量地邀请更多的国际参展方参加北京世园会。

组委会统一领导之下设立的"5+1"机制,主要根据各个部门的有关职能和工作方向。具体来讲,由于北京世园会是国际性的活动,邀请国家众多,因此,外交部在其中扮演着非常重要的角色;国家林业局,包括中国花卉协会,在这个领域具有丰富的经验和专业知识,同时和国外对口单位也有密切联系,为了有针对性地邀请有关国家参加,国家林业局、中国花卉协会将发挥很大的作用;贸促会作为半官方机构,在以往工作基础上将继续同有关未建交国家保持联系,邀请他们参与北京世界园艺博览会。除此之外,北京市作为东道主,有很多具体工作需要推进和实施,毫无疑问北京在具体的招展方面有非常重要的独特作用。政府总代表主要在有关世园会的筹备和运营中,代表中国政府处理有关参展事宜,包括参展条件,届时还会出现一些相关的要求。因为外国来宾远道而来,对有关情况不一定熟悉,可能会碰到一些困难,政府总代表要第一时间给予相应处理。

思考:外交部、国家林业局、中国花卉协会、贸促会、北京市政府五家单位在北京世园会国际招展中分别发挥什么样的作用?

任务一 会展营销渠道概述

一、会展营销渠道的内涵、类型及特征

(一)会展营销渠道的内涵

会展营销渠道是指把会展产品从生产者(会展组织者)手中销售给目标客户(参与者)的个人或组织,即我们通常所说的中间商。与其他商品销售类似,会展组织者仅仅依靠自己的力量通常无法接触到所有的目标市场,只有通过中间商合作,才会取得更好的销售效果。

在会展营销中,企业为了获得竞争优势,应该寻找会展产品的分销商,扩大和方便顾客对会展产品的购买。分销渠道也可以作为信息传递的途径,对会展企业广泛、及时、准确地收集市场情报和有关销售、消费的反馈信息起着重要的作用。会展企业如果能正确选择分销渠道,采取适当的分销渠道策略,使商品销售渠道畅通无阻,不仅能保证商品及时销售,而且能加速企业资金周转,降低销售费用,提高企业经济效益。

需要特别注意的是,会展产品的营销客体既包括参展商也包括观众,组展商将展位销售给参展商来赚取展位费叫作"招展",同时,组展商还要对买家和专业观众进行营销,这个过程叫作"招商",在会展营销过程中,招展和招商工作同样重要。本书阐述的营销渠道既包括招展渠道,也包括招商渠道。

(二)会展营销渠道的类型

会展营销渠道按照不同的出发点划分成不同的类型,如表6-1所示。

表 6-1　会展营销渠道的类型

出发点	类型	特　点
会展产品经历的环节	直接渠道	不经过中间环节,不需要中间流通费用,信息交流充分,渠道冲突减少;受资源状况限制,不利于开发潜在客户,拓宽市场
	间接渠道	利用中间商调动企业外部力量拓宽市场,需向中间商支付费用,提高会展产品的成本,信息沟通难度加大,有可能带来协调方面的冲突
选择的中间商数量	窄渠道	利用唯一中间商进行招展,容易建立信任合作关系,避免多家互相竞争;但组展商对中间商依赖度高,对中间商的资质、市场开拓能力、以往业绩要求较高
	宽渠道	利用两家或两家以上的中间商进行招展,有利于目标市场范围增大;但中间商之间利益和矛盾冲突会增多
分销主体	中间商	独立法人企业,代理的最终目的是获取佣金,主动性强,专业化水平较高
	合作者	以"合作单位、支持单位"名义出现的政府部门、行业协会、媒体等机构。主办方利用这些合作机构的行业影响力来招展,佣金通常隐性支付

(三) 会展营销渠道的特征

根据会展产品的特殊性以及会展市场的运行情况来看,会展营销渠道一般具有以下几个特征。

(1) 直接销售是展会首选的营销渠道。由于组展商面对的目标客户相对集中,比如北京国际汽车展,目标客户就是国内外汽车知名企业。特别是针对那些已经举办过多届的组展商来说,他们已经建立了比较完整的客户数据库,而且每届展会的参展商中老客户都会占据一定比例。因此,组展商会选择业务能力强、实战经验丰富的招展专员来负责与客户沟通,进行直接营销。

(2) 组展商选择"独家代理"的窄渠道为主。会展产品的销售工作主要采用窄渠道,是因为展会以机构团体作为营销对象,目标客户的专业领域相对集中,特别是专业展,展商数量不多,如果在同一地区选择多家代理商,会引起代理商之间的恶性竞争,带来渠道冲突,扰乱市场。

(3) 中间商以代理销售业务为主。组展商与中间商的合作方式有两种:代理和包销。代理是指分销商按照与组展商签订的合同,在组展商规定的权限内代理招商,按照实际招徕的参展商数量和成交金额提取一定比例的佣金。包销则是分销商从组展商手中承包一定数量的展位,不管能否招满约定展位数量,包销商都要向组展商支付约定的展位费。通常情况下,为了规避经营风险,绝大多数的中间商选择了代理招展的方式。

(4) 隐性代理和显性代理相结合。现实市场中的组展商为了动员各方面资源,通常采取多种渠道综合招展,有的采取"显性代理"的方式,有的采取"隐性代理"的方式。对于那些拥有客户资源但不便于签订代理协议的招展主体,组展商会采取口头承诺的隐性代理方式,并通过其他形式给予一定的佣金。

小阅读 6-1　选择招展代理商的原则

参展商缴纳的参展费是办展机构利润的主要来源,每个展会的主办者都希望能尽可能多地出售展位,以提高展会的品牌效应。如何选择一个能胜任的招展代理商就成为实现主办者盈利与否的一个关键因素。要找到一个好的代理商,至少应具有以下四个原则。

首先,所选代理商对象应该对于展会有一定的客户基础,针对展会的主题和行业,考察我们所选定的代理商是否掌握这一展览主题的有关参展商客户,这是他能否胜任这一项工作的基础。通常在国外能满足这一条件的有相关行业协会、地区商会等机构,另外有专业展览公司、广告公司等可供选择。尤其是一些在境外举办过相同题材展会的机构(企业),更应是首选对象。

其次,要熟悉展会各项工作的运作和相关的专业知识。代理商在其代理的范围(地域)代表着主办者形象与客户接触,因此,一个成功的代理商,要通过对客户进行展会宣传,吸引参展商。而每一个参展商都会对自己参加的展会进行评估,会对有关参加展会的费用、程序、展览服务等各方面提出各种各样的问题和疑问,这一切都需要由代理商进行详细的解答和解释。如果所选的代理商不熟悉这些方面的情况,不熟悉组织展会的运作,或者没有这方面的工作技能,是不能给予客户满意答复的,也就不能很好地完成招展工作。

再次,选择信誉良好的代理机构。良好的商业信誉不仅是双方合作的基础,更是保证招展工作顺利进行的前提,否则,容易产生经济纠纷,影响相互合作。因此,要通过各种渠道,既要深入了解代理商的代理能力,也要了解其资质信誉度,对于某些国家的代理商,还要了解其代理资格(如果某些国家对代理资格有要求),经过对比,择优取舍。

最后,选择办展理念相近的合作者。由于国内外的社会状况、企业特点、经济环境、人文价值观等方面都有不少的差异,因此,在选择代理商时,应尽量选择能够互相理解,最好是能接受我方办展理念、工作方法及要求的合作者。否则,由于双方文化和社会环境差异而带来的副作用,也会直接影响到招展成效。

二、会展营销渠道传播与策略

(一)会展营销渠道传播

1. 人员拜访

营销专员通过直接登门拜访,与目标客户进行直接沟通,目标客户可以感受到营销人员的重视和尊敬,并直接有效地解决客户的疑惑,有益于增强目标客户对展会的了解和认知。但人员拜访的缺点就是营销成本较高,通常情况下,主办方针对重要的 VIP 大客户会采取该形式。

2. 电话招展招商

电话招展招商是会展营销人员最常用的营销形式,电话招展招商成本较低,但在营销过程中要做好事前的计划和准备工作,熟悉会展产品和服务,准备好相应的交谈沟通话术,及时把握客户心理,调整沟通策略,并多次追踪,以期达成合作意向,促成客户参展及观众观展。

招展招商渠道传播与策略

3. DM 直邮

DM 直邮是指组展商通过收集、整理、筛选潜在客户的名单,将展会的各种招展资料直接邮寄给目标参展商和专业观众。采用该营销方式一定要找准目标客户群,要有针对性地邮寄材料,避免不必要的资源和人力的浪费,直邮活动依赖于准确有效的客户数据库,要对数据库的科学性、合理性加以管理。

4. 网络招展招商

随着互联网的发展,网络招展招商变得越来越重要,主办方可以利用展会的官方网站,随时发布展会信息,向目标参展商和专业观众进行宣传,参展商和专业观众可以在官网上完成登记注册,还可以在与展会行业相关的网站上购买链接或广告位进行招展招商。

5. 同类展会招展招商

同类展会上聚集着大量的目标客户,在同类展会上收集参展商和观众资料,设立宣传推介展位,加强与参展企业和专业观众的沟通交流,有助于展会招展招商。主办方还可以购买展会会刊,收集潜在参展商名单,作为自身展会的重要信息来源。

(二) 会展营销渠道策略

1. 收集目标客户信息

招展和招商都要建立在完整而实用的数据库基础之上,有效的参展商及观众数据库对展会招展招商策划和制定招展招商方案提供重要依据,也是制作展会招展函和邀请函的基础。收集参展商和专业观众信息一般有以下渠道。

(1) 通过行业企业名录收集。

(2) 通过行业商会或协会收集。

(3) 通过政府主管部门收集。

(4) 通过专业报刊收集。

(5) 通过专业网站收集。

(6) 通过同类展会收集。

(7) 通过电话黄页收集。

收集的信息内容一般包括公司名称、地址、联系电话、电子邮件、网址、参展或观展需求等。

2. 建立目标参展商及观众数据库

在完成信息收集工作后,组展商要将数据以参展企业和目标观众为单位,输入数据平台,建立参展商及观众数据库,这一过程中要保证数据真实可靠,如有变动可以及时修改更新。同时采用先进的统计技术和软件,对数据进行分类和整理,以方便营销人员进行查找,用户界面通常应简洁、一目了然,数据库可在局域网上使用,并设有一定的权限。

3. 进行招展、招商宣传

招展和招商宣传是吸引目标客户的主要手段,在展前、展中、展后各个阶段,营销人员需要利用专业媒体、广告、系列活动等手段招徕目标客户。具体内容见模块七。

4. 寻找合作机构或代理机构

组展商与各类机构合作招展招商,选择认同组展商价值理念、有利于组展商业务拓展和合作关系良好的代理商进行招展招商,同时利用行业协会、政府部门、专业媒体等合作机构的影响力,做好展会招展招商工作。需要注意的是,组展商还可以充分调动参展企业的积极性,利用参展企业的业务渠道,帮助邀请专业观众。

5. 提供展后跟踪服务

为保证组展商与参展商和观众的良好关系,促进展会的可持续发展,展后的跟踪服务十分重要。展会结束后,利用媒体对展会进行报道,展示展览效果,进一步扩大展会社会影响,为下一届展会的招展招商工作预热。同时,组展商应及时与参展商及观众沟通,征求其对展会的意见和建议,加深其对展会的良好印象,树立展会品牌形象。

三、会展渠道冲突管理

1. 会展渠道冲突的含义

会展渠道作为一个系统,在客户资源稀缺的情况下,为了自身利益,在其中的各成员之间会存在对抗和敌对行为。例如,代理商价格不一致的冲突、虚假承诺的冲突、展位分配混乱的冲突、代理人员素质差异的冲突等。为了避免冲突,形成合作,对会展渠道冲突的认识和管理就非常重要。

2. 会展渠道冲突的管理方式

会展渠道存在冲突十分正常,会展企业应该积极着手解决会展渠道冲突。第一,要学会选择代理商,对于专业代理公司,组展商要认真考察其代理资质、以往的代理业绩、所熟悉的业务范围、业务覆盖区域等情况。第二,厘清代理商的权利和责任,以法律手段保障代理商的权利,同时约束代理商的行为。第三,制定合理的代理佣金制度,一般按照办展机构实际收取的展位费的 15%～20% 比例提取佣金。第四,办展机构要对招展代理商进行严格的管理和监督,杜绝擅自改变价格标准进行低价倾销展位。第五,对代理商给予协助与激励。办展机构应该本着"双赢"的原则,为代理商提供业务协助和支持,并进行有效的激励。协助代理商做好人员培训和营销指导,实行累计佣金激励代理商多销展位,实现长期代理关系。

会展渠道冲突管理

招展协议示例如下。

国际汽车工业展会招展协议

甲方:×××国际汽车工业展会组委会

乙方:_____

甲、乙双方经友好协商,就甲方委托乙方为"×××国际汽车工业展会(以下简称国际汽车展)"招展事宜达成如下协议。

第一条 甲方职责

(一)确认乙方招展资格,出具委托书。

(二)向乙方提供国际汽车展的批文及招展所需材料。

（三）负责妥善安置乙方组织的所有参展商参展。

第二条　乙方职责

（一）严格按照委托书中规定的招展时间、招展区域、招展范围、招展权限等开展招展工作。

（二）乙方所招展位数不得低于（　）个，并于本协议签订之日起三日内向甲方缴纳保证金（　）元。

（三）随时保持与甲方的联系，及时向甲方通报招展情况，并提供招展进度表。

（四）严格按照甲方提供给乙方的招展函内容开展招展的宣传、解释、联络、组织等工作，由此产生的费用由乙方自行承担。

（五）乙方须在报名表的适当位置盖上其单位的印章，以确认该摊位为乙方所招，以便双方进行核算。

（六）乙方收取所招参展单位的展位费，统一汇入甲方指定账户，并由账户管理方负责开具正式发票。

（七）乙方须按甲方提供的委托书与招展函规范其招展行为，如乙方未按委托书与招展函规范招展行为，所产生的违约或违法行为，由乙方承担相应法律责任。

第三条　展位费的计收及费用结算

（一）乙方所招展位，其收费不得低于以下标准，否则其展位甲方不予确保。

标准展位：（　）元/个

室内空地（36m^2）：（　）元/m^2

室外空地（50m^2）：（　）元/m^2

（二）甲方标准展位按照（　）元/个结算，实收展位费减去结算费后为乙方招展提成费。

（三）空地展位按照实收展位费的（　）提成。

（四）广告按所收广告费的（　）提成。

（五）乙方组织的参展客户应符合参展条件，参展费须于展会开幕前30天汇至甲方账户。

（六）乙方所招展位数如达到（　）个，则甲方退还保证金；如未达到（　）个，甲方将根据招展数扣减相应比例的保证金。

第四条　其他条款

（一）乙方不得在未取得甲方书面同意的情况下，单方面以甲方或展会的名义对外做出任何违约或违法行为，否则乙方将承担相应法律责任，并赔偿由此给甲方、展会或参展商造成的全部经济损失。

（二）一方由于不可抗力不能履行或不能全面或（和）及时履行本协议书，可免除法律责任，但应及时通知对方。

（三）任何一方不得擅自变更、修改或解除本协议书。如有必要，双方应签订补充协议，经甲、乙双方签字、盖章后生效。补充协议与本协议书具有同等法律效力。

（四）因履行本协议书或与本协议书有关的任何争议或纠纷，甲、乙双方应协商解决，如双方协商不成，则提交武汉仲裁委员会仲裁解决。

（五）展会招展函作为本协议书的附件均为协议书的有效组成部分,与本协议书具有同等法律效力。

（六）本协议书自甲、乙双方签字盖章之日起生效,有效期截止于　　年　　月　　日。

（七）本协议书一式两份,甲、乙双方各执一份。

甲方:（盖章）　　　　　　　　　　　　　乙方:（盖章）
（代表签字）　　　　　　　　　　　　　（代表签字）
　　年　月　日　　　　　　　　　　　　　　年　月　日

任务二　会展物流

会展物流

一、会展物流的概念、主体及特点

（一）会展物流的概念

会展物流,简单来讲是指为会议、展览、展销、体育及其他各类活动提供的物流服务。具体来讲,所谓会展物流是为满足参展商展品展览的特殊需要,将展品等特殊商品及时准确地从参展商所在国(地)转移到参展目的地,展览结束后再将展品从展览地运回的过程,包括展览前后的仓储、包装、国内运输、进出口报关和清关、国际运输、展览中的装卸、搬运,以及在此过程中所需要的信息流动。

会展物流的本质是会展相关物品的空间流动与管理,涵盖了在提供地与会展地之间,对会展材料设备与会展物品的高效率、低成本流动和储存而进行的一整套规划、实施和控制过程。会展物流服务商服务水平的高低是关系到会展能否成功开展的重要因素之一。

会展物流作为现代物流行业的一个重要分支,比一般运输、配送具有更高的专业性和服务性,属于高端物流。高端物流代表高质量的专业服务,服务对象一般是高端产品。高端物流服务管理体系与运作模式具有高附加值、高利润、高效率、高技术标准和高风险的特征。

（二）会展物流的主体

会展物流的主体包括会展组织者、参展商、观展商(包括购买者)。会展的组织者是展会的发起者和展会事务的执行者,通常在会展实际运作过程中分为主办者和承办者。在我国,展会的主办者大多是各级政府部门、各级贸易促进机构、各类行业协会、商会和部分规模较大的企业等。承办者是企业法人,主要负责展会的具体运作以及运作过程中的具体事务,主要包括获得政府有关部门批准的展览公司和获得办展资格的单位。参展商是受展会组织者邀请,于特定的时间在场所展示其产品和服务的单位或个人。观展商是进入会场与参展商进行洽谈的企业或个人。

（三）会展物流的特点

与传统物流相比,现代会展物流具有如下特点。

1. 服务的专业性

会展活动的特点要求为其提供物流服务的会展物流服务商,必须具有较高的专业化管理水平,必须拥有具备会展物流管理专业技能的人才、畅通的物流渠道、有效的物流配送手段和功能齐全的货物转运与仓储中心、完备的信息网络平台和信息技术作为支撑。因此,专业化程度相对较高是会展物流一个最为显著的特征。

2. 流程的时效性

会展物流活动过程控制非常复杂,在时间上具有很强的阶段性,在空间上具有突发的集中性,在需求上具有双向性和不确定性,这就要求会展物流服务商提供更高层次的快速反应服务。如何在特定的时空里满足参展商多种应急需求是会展能否成功举办的关键。

3. 展品的安全性

确保物流过程中的物品安全是会展物流的第一任务。会展活动所需的设备、物品一般由会展组织者采购,而参展商展销产品的运输则在会展组织者的统一调度下自行负责。承运人员在运送过程中要保证展品不发生霉烂、破损、水渍等损害展品原有使用价值的事故,避免因此而造成的供货质量问题导致会展准备的中断。因此,会展物流服务商必须确保所运送物品不仅及时而且安全地到达目的地,通常还需再返回原地。

4. 信息的实时性

信息化是我国会展产业与国际接轨的一个重要衡量标准。信息传递与共享是保障会展物流管理高效协调运行的重要基础。在会展物流的组织与管理过程中,会展主办方、参展商与物流服务商信息的实时沟通,为会展活动提供高效的物流服务支持,是会展物流服务商的重要目标之一。会展组织管理者应会同各参展商与物流服务商,不断对各种相关信息进行实时监控,并根据反馈信息及时调整会展物流过程中的具体行动措施。

5. 环节的整体性

从整体上看,会展物流由展前物流、展中物流和展后物流三个环节组成。每一个环节的物流又由许多子环节构成。展前物流是在会展活动开始之前由会展服务提供商将展品由参展商所在地运送至会展场馆的物流活动,它包括展品的包装、装箱、运输、卸载、搬运、仓储等子环节。展中物流是会展活动进行中的物流活动,它包括展品的仓储保管,以及展品运送至展位等子环节。展后物流是会展活动结束之前发生的逆向物流活动,它包括展品装箱、运送至参展商所在地,以及废弃品回收等子环节。在整个会展物流过程中,展前、展中和展后的物流环节对物流的要求并不相同,但这些环节相互衔接,任一环节出现问题,都将可能导致整个会展活动不能顺利举办。

6. 物流的双向性

无论是国际会展还是国内会展,一个参展商到某个国家或地区参展,其目的地是展览场馆所在地,参展后展品可能还会到第三国或地区展览,展览结束后,展品最终还会返回参展商所在地,因此会展物流具有双向物流的特点。

二、会展物流的运作流程

会展物流系统运作通常由第三方物流公司作为整个会展活动唯一的物流服务提供商,

可兼顾会展物流全过程中涉及的各个领域的业务活动,有利于实现会展物流系统的整体优化,具有成本低、信息沟通顺畅、物流效率高和服务水平高等特点。在分析会展物流系统流程的基础上,可将会展物流系统的运作分为会展物流初期运作、会展物流中期运作和会展物流后期运作。

(一)会展物流初期运作

会展物流初期运作分为两个部分:一是选择会展物流服务提供商的运作流程;二是由会展物流服务提供商制定会展物流的运作方案。

选择会展物流服务提供商的运作流程如图6-1所示。

图6-1 选择会展物流服务提供商的运作流程

会展主办方选择会展物流服务提供商时,首先要提出选择标准,标准包括:会展物流服务提供商应具备的专业技能,物流渠道和物流网络,展品运输、转运和仓储能力,展品的装卸和就位能力以及会展物流服务提供商应有的运输设备和仓储设备。然后公开招标,会展物流服务提供商根据自己的实际情况进行报名。报名后需递交资质等材料和报价。会展主办方审核会展物流服务提供商的资质材料,根据报价和材料选择最终中标的会展物流服务提供商,最后双方签订合同。会展主办方也可以直接指定信任的会展物流服务提供商,直接与其签订合同,省略其中招标的过程。

由会展主办方确定的会展物流服务提供商首先要确定展销商的数量和展品数量、大小,然后确认展销商所在的国家或地区。待确认完成后,开始制订会展物流方案。首先要安排包装的人员和包装材料,运输的路线和运输的设施设备。安排报关人员准备报关材料,安排仓储的设施设备和展品运往会展场馆的方式和路线。会展物流服务提供商初步完成会展物流方案后,需要和会展主办方进行沟通协调,根据会展主办方的意见修改会展物流方案,形成最终的会展物流方案。

会展物流方案的制订过程如图6-2所示。

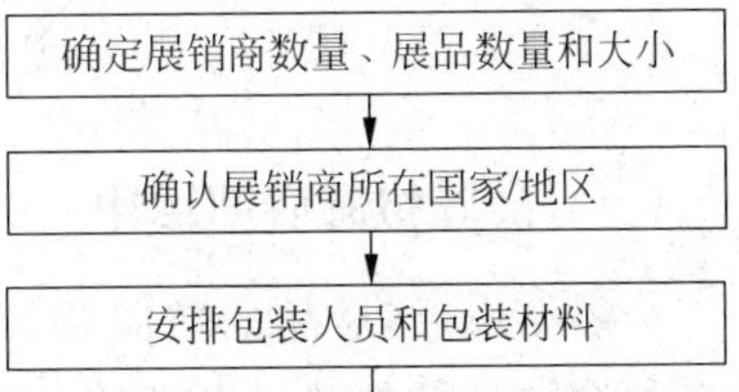

图6-2 会展物流方案的制订过程

(二)会展物流中期运作

会展物流中期运作由参展商开始,会展物流提供商首先与展销商对展品的数量、外形等特征进行核对,根据展品的不同特征选择不同的包装材料和包装方法。待包装完成后,会展物流服务提供商开始组织运输工具按照会展物流方案中的运输线路进行运输作业。若为一个国家内的参展物品,可以直接运送至仓储中心或会展中心;若是跨国参展的会展物品,必须先经过报关环节接受海关的监督和检查,待海关确认通过以后,会展物流服务提供商才可以组织运输工具将会展物品送至仓储中心或会展中心。按照会展主办方的要求,会展物品可以先统一运送至仓储中心,在仓储中心待会展物品整合后再统一运送至会展场馆。在整个会展物流的过程中,展品的流动作业需要管理信息系统的支持,会展物流服务提供商只有及时掌握展品物流信息,才能够根据信息调整物流运作流程,保证会展物流系统能够满足展销商和会展主办方的需求,保障整个会展物流系统的顺利运作。

会展物流中期运作的过程如图 6-3 所示。

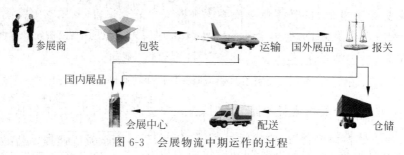

图 6-3 会展物流中期运作的过程

(三) 会展物流后期运作

会展结束后,展品的逆向物流有三种途径:第一种途径是展品回运至参展商所在地。第二种途径是展品转运至别的参展国家或区域。这两种途径和展品的正向物流运作流程一致,同样需要物流系统的运作来保障会展物品的安全。第三种途径是就地处理掉会展物品,这需要按照绿色环保的要求进行处理。会展物流后期运作的过程如图 6-4 所示。

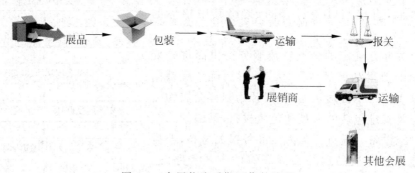

图 6-4 会展物流后期运作的过程

三、会展物流作业

会展物流作业包括展品运输、展品仓储、展品装卸、展品搬运、展品包装和展品撤展。

(一) 展品运输

从广义上来讲,展品运输包括展览前后展品的运输、会展活动期间向参展商和参展观众分发食物的运输,以及与此相配套的会展设施的运输等。从狭义上来讲,展品运输就是指以展品为主体所产生的运输过程。

1. 展品运输的方式

展品运输方式主要有水运(海运和内陆水运)、空运、陆运(火车运输、汽车运输等)、邮递、快递、自带等。运输方式也可以分为集中运输或分别运输、专运等。

(1) 水运:时间长,但是费用低,是大型国际展览主要和经常使用的运输方式。

(2) 空运:速度快,适用于时间紧、货物少、特殊货物,比如生鲜产品等。空运费用一般比较高,但是如果货物少,只有几小箱,费用可能更省。或者机场距离展馆近,陆运费用便宜;而港口离展馆远,陆运费用贵,计算总费用空运可能更便宜。但是在一般情况下,尽量少用空运。

(3) 陆运:介于水运和空运之间。陆运可能是展览运输最广泛使用的、不可缺少的方式。就国际展览来说,需要安排港口两端即港口与展出者所在地和港口与展会所在地的陆运。

(4) 散运:或称一般运输。运输公司在仓库收货,拼装发运。拼装可能需要比较长的时间,但是收费比较低。

(5) 专运:运输公司在仓库收货或到发运人指定的地点收货并将货物直接运送到目的地,可以是一种门到门的运输服务。专运快捷一点,但是收费要高一点。

(6) 其他运输方式:包括特快专递,适用于特急、小件物品。另外,如果展品不多,很多展出者愿意随身携带。但是要注意手续问题。

运输方式的选择考虑的因素主要有:路程,距离远近;时间,距离开幕式的时间;展品情况和特性,即数量、体积、重量等;特殊要求,比如展品是否易腐、是否需要冷藏等;费用,包括运费、保险费,海运和空运的保险费大不一样;还有安全性等。

2. 展品运输的注意事项

会展运输不当,可能出现未运到、途中损坏、丢失等情况,可能导致很严重的后果。最常见的问题有以下几个。

(1) 全部或部分展品未及时运到

有时会因为展品还在途中,或在途中丢失,或还在海关仓库里,或海关手续还未办完等原因导致展会开幕了,但展品全部或部分未到展场,以致无法正常参展。

(2) 展品因包装不好而破损

由于展品没有进行适当包装在运输途中破损,这会给展品参展带来负面影响,也可能会出现额外费用以及延误事件。

(3) 缺少单证

缺少单证是指缺少产地证、检疫证等,这会导致额外费用甚至导致扣货、罚款等麻烦和损失,也会造成运输延误。

(4) 包装箱出现问题

拆箱野蛮,造成包装箱破损,回运时无法再使用;包装箱储存不善丢失等。

(5) 运输方式选择导致的问题

每种运输方式都有自己的优缺点,运输方式选择不当会给展览带来影响,例如,铁路运输会省去转运的麻烦,但费用比较高昂,周期比较长,给前期的准备工作造成了很大的压力。而且一般参展商由于参展次数有限,对整体流程的把握不是很到位,所以容易造成展品不能按时到达的现象。公路运输时间短,价格低,灵活性高,但道路情况的好坏直接影响到展品是否会损坏,中途转车时无法监控展品。

(二) 展品仓储

1. 展品仓储的概念

会展的仓储就是利用仓储存放、储存参展物品的行为。在会展物流过程中,虽然没有生产企业产品物流的大批量、多批次的仓储作业,但是,在会展期间仓储的合理安排,也会对会展活动的顺利进行和快速反应产生重大的影响。因此,会展物流仓储管理的目标主要就是通过会展物品在会展中心或附近的库存场所的仓储管理,实现会展的供求调节和配送加工等功能。

2. 展品仓储的作业过程

展品仓储的作业过程可分为三个阶段,即参展物品入库阶段、参展物品保管阶段和参展物品出库阶段。参展物品入库只是展品在整个物流供应链商的短暂停留,而准确地验货和及时收货能够加强此环节的效率。参展物品保管阶段主要步骤包括参展品的堆码、养护和盘点。在出库阶段,仓储管理员需要根据提货清单,在保证货物原先的质量和价值的情况下,对参展物品进行搬运和简易包装,然后发货,其步骤包括核对出库凭证、配货出库和记账清点。

(三) 展品装卸

装卸是指以垂直位移为主的实物运动形式。展品装卸可分为两种类型:一种是运输代理商直接装卸;另一种是参展商自行装卸。这里所说的展品装卸服务是指运输代理商的直接装卸服务。

直接装卸服务包括两个方面:一是指运输代理商从参展商处将展品装车,运往车站、码头或机场,准备实施长途运输;二是指运输代理商按照展品的进馆日期将展品直接运到展厅并卸货至展位的过程。这两个过程参展商都不必操心展品的装卸环节。对运输代理商而言,承担的装卸服务可能不止一家,因此直接装卸服务对时间要求比较高,必须按照办展机构的时间安排为参展商提供装卸服务,参展商不能依照自己的时间来安排展品的装卸。

有时参展商会自行安排展品装卸,展馆会安排准备装卸展品所必需的机械设备,如叉式装卸机和手动小起重机等供参展商租用,但参展商需提前申请,办理租用装卸设备的手续。采用这种方案参展商支付的费用少,但也可能因不够专业而承担相关的展品损失风险。

(四) 展品搬运

1. 搬运的含义

搬运是指在会展物流过程中,为运输、保管和配送的需要对参展物品进行的装卸、搬运、堆垛、取货、理货等作业。

搬运活动的基本动作包括装车(船)、卸车(船)、堆垛、入库、出库以及连接上述各项动作的短程输送,是随运输和保管等活动而产生的必要活动。在与其他物流活动互相过渡时,都是以搬运来衔接的。因此,装卸搬运往往成为整个会展物流系统的"瓶颈",是会展物流各功能之间能否形成有机联系和紧密衔接的关键。

2. 搬运的设备

搬运机械是物流系统中使用次数最多、频度最大的机械设备。目前主要搬运机械包括以下几种。

(1) 装卸搬运车辆

装卸搬运车辆依靠机械本身的运行和装卸机构的功能,实现参展物品的水平搬运和装卸。装卸搬运车辆主要有叉车、搬运车和挂车等。

(2) 输送机械

输送机械是指一种在一定的输送路线上,将参展物品从装载起点到卸载终点以恒定的或变化的速度进行输送,形成连续或脉动物流的机械。

(3) 起重机械

起重机械是指依靠人力或动力使货物做上下、左右、前后等间隙、周期性运动的转载机械,主要用于起重、运输、装卸、机器安装等作业。

(4) 散装装卸机械

散装装卸机械是一种具有装卸和运输两种功能的组合机械,主要以装卸散装物资为主,如装卸机、卸载机、翻车机等。

在选择会展物流的搬运机械时应充分考虑五个方面的因素,即参展物品的特性、环境特性、作业的特性、作业速率及经济效益。其中,参展物品的特性是指参展物品本身和包装的特性;环境特性是指作业场地、建筑物的构造、设置的配置、地面的承受力等环境因素;作业速率是指根据参展物品的物流速度、进出量要求确定是高速作业还是平速作业,是连续作业还是间隙作业,以选择合适的机械。

(五) 展品包装

展品包装是指在会展物流过程中按一定技术方法并采用一定的容器、材料及辅助物等对参展物品加以保护和储存的总称。除了包装的容器外,包装的技术与过程同样对会展的物流有着重要的影响。

1. 包装的分类

展品包装是涉及展品运输的第一步工作。工作内容依次为小包装、大包装、打印标志、衡量重量和尺寸、装箱、制作清册。在展出地,展品破损是无法更换的,因此展品包装要比普通包装要求高。

(1) 包装衬垫物

衬垫物应使用规范的化学包装材料,比如气泡塑料膜、压塑块、泡沫颗粒等,因为它们的防震压性能好,禁止使用稻草、废纸等易带病虫害源的物品。衬垫物也有重复使用问题,因此要用可以重复使用的包装材料,比如气泡塑料膜就比泡沫颗粒容易重复使用。

(2) 运输包装

运输包装又称"外包装""大包装",是为保护商品数量、品质和便于运输、储存而进行的外层包装,主要有单件(运输)包装和集合(运输)包装两类。

大包装箱多是纸箱和木箱,如果可能,尽量使用纸箱包装,因为有些国家对木材包装要求严格,规定必须使用经过处理的木材。展品包装箱应当坚实、简便。运输包装应结实、耐用以适应长途运输需要;包装箱应设计简单,以便非专业包装人员可以打包和拆包,可以人工开箱并封箱而不借助器械。大包装箱不论是纸箱还是木箱,在封箱后最好再用打捆机打捆,因为纸箱的胶条和木箱的钉子不一定能承受反复装运。大包装也要注意尺寸,要能够出入展场的门和电梯。

(3) 销售包装

销售包装又称内包装,是直接接触商品并随商品进入零售网点和消费者或用户直接见面的包装。

展会结束后,展品或者回运,或者售出,或者赠送。在大部分情况下,展品还要再包装。因此,展品内包装不能是一次性的包装。内包装的功能有两种:一是保护功能,在运输、搬运过程中保护产品;二是艺术功能,用于吸引顾客。

2. 包装的材料

因为包装本身的重量也作为参展物品的重量一起计算运费,因此现代参展物品所采用的包装材料主要是向轻材质化转换。

目前,常用的包装材料有纸、塑料、木材、金属、玻璃等。从各国包装材料生产总值比较看,使用最广泛的是纸及各种纸制品,其次是木材和塑料材料。

(1) 纸及纸制品

纸主要包括牛皮纸、铜版纸、白板纸和瓦楞纸。牛皮纸质地坚韧且价格低廉,具有良好的耐折性和抗水性,多用于制作购物袋、信封、水泥袋等,也用于食品的包装用纸。

铜版纸主要采用木、棉纤维等高级原料精制而成,分为单铜和双铜两种。适用于多色套版印刷,印后色彩鲜艳,层次变化丰富,常用于手提袋、名片和书籍、杂志封面的制作。

白板纸质地坚硬厚实,具有较好的挺立强度、表面强度、耐折性和印刷适应性,适用于做包装盒、衬板等。

瓦楞纸具有轻便坚固、载重和耐压性强、防震、防潮等优点,且成本较低。单面瓦楞纸板一般用作商品包装的贴衬保护层或制作轻便的卡格、垫板以保护商品在储存的运输过程中的震动或冲撞;三层或五层瓦楞纸板用于制作商品的销售包装;七层或十一层瓦楞纸板主要为机电产品、家具、摩托车、大型家电等制作包装箱。

(2) 塑料及塑料制品

塑料具有良好的防水性、防潮性、耐油性、绝缘性,而且重量轻、可着色、易生产,可塑造多种形状并适应印刷,其原料来源丰富、成本低廉、性能优良,已经成为近40年来世界上发展最快的包装材料,是现代销售包装中最重要的包装材料之一。

常见包装通用塑料成分主要有聚乙烯(PE)、聚丙烯(PP)、聚氯乙烯(PVC)、聚苯乙烯(PS)。泡沫塑料又称多孔塑料,具有优良的抗冲击和抗震动性,导热率低、吸水率低、吸湿性小,化学性能稳定等特征,常用于产品的缓冲包装材料。

(3) 木材及木制品

木质包装箱作为一种常用的运输包装容器,由于具有外观漂亮、坚固、结实耐用、内销出口都可用、取材方便、容易制作、重量轻、强度高、耐久性好、防潮、有一定的弹性、价格比较便宜等诸多优点,在很多领域被广泛应用。木质包装箱适用于物流、机械电子、陶瓷建材、五金电器、精密仪器仪表、易损货品及超大尺寸物品等行业产品的运输和外包装。

木质包装箱根据其材料的不同,可以分为胶合板箱、胶木箱和木板箱;根据其箱档和箱板的相对位置,可以分为内框架木箱和外框架木箱;根据箱面的封闭程度,可以分为封闭箱和花格箱;根据其内装物重量和尺寸,可以分为小型箱、中型箱和大型箱。

(4) 金属包装材料

金属广泛应用于工业产品包装、运输包装和销售包装,其机械性能优良、强度高,具有极优良的综合防护性能,具有特殊的金属光泽,易于印刷装饰。

与其他金属包装材料相比,钢材来源较丰富,能耗和成本也较低,具有良好的可塑性和延展性。铝材重量轻,具有较好的延展性和耐腐蚀性,不易生锈,光亮度美观持久,易于印刷、加工和回收。铝材主要用于销售包装,最常见的如易拉罐。

(5) 玻璃、陶瓷包装材料

玻璃具有高度的透明性、不渗透性和耐腐蚀性,无毒无味,化学性能稳定,生产成本较低等特点,可制成各种形状和色彩的透明和半透明的容器。

陶瓷具有很好的化学稳定性与热稳定性,能耐各种化学药品的侵蚀,耐高温,冷热快速变化也不会对陶瓷有影响,是理想的食品、化学品的包装容器。

3. 展品包装与装箱的注意事项

展品包装与装箱是保证展品顺利运输的第一步,展品包装与装箱主要包括以下几个环节。

(1) 展品包装分类

在这个环节中,要针对不同的工作要求对展品进行分类包装。用于运输的包装多是木箱或纸箱,运输包装应以结实、耐用为原则,还要注意包装的尺寸,要能够出入展会现场的门和电梯。此外,在展品的包装和装箱方面,对集装箱和木套箱、包装衬垫物等也有一定要求,而且在国际展中,展品包装在海关将受到严格的检查。

(2) 包装箱标志

运输包装箱要按规定标志,内容包括运输标志、箱号、尺寸或体积:长×宽×高(以厘米为单位)、重量、参展企业的名称、展馆号、展台号以及其他标志。

一般在包装箱的顶部和两侧打印运输标志。易碎物品要打上国际通用的易碎标志——"玻璃杯"。如果是其他要求也要一一标明,比如需要防潮就打上"雨伞"标志,其他标志有"不能倒置""重心在此""挂缆绳处"等。每个箱子都要有清晰的标志,一方面是防止运输中丢失或弄混,另一方面是在展品堆积如山的展会现场容易辨别寻找。包装箱都需要量尺寸、称重量,以便制作体积衡量单。

(3) 装箱单和展品清册

展品装入小包装箱,再装入大包装箱,最后装入运输箱。装箱数量一定要准确。要防止漏装、错装、装箱不符的情况。为做到这一点,在任何一个装箱过程中都要安排一人点货、一人记录。展品运输的特点之一就是杂,任何一环疏忽,就有可能造成展品清册和装箱单的错误,这也将给运输、报关、拆箱布展造成混乱和麻烦。

装箱后,需要制作装箱单和展品清册。装箱单和展品清册必须准确、清楚,必须与箱内展品相符。

(六) 展品撤展

撤展是指展览闭幕后的展品、展具的处理工作,主要包括展品处理、展台拆除、展具撤出、现场清洁等环节。

1. 撤展的注意事项

（1）充分准备

参展企业对撤展工作事先要有具体安排，包括工作步骤、负责人员等，即便事先设计妥当，到撤展现场还可能会有不同程度的变化，须根据实际情况及时调整。展台人员在展会后期闲暇时间可对撤展做一些必要的准备工作，比如先撤什么、后撤什么，哪些物品要归还、哪些物品在当地处理，撤展包装和衬垫物的准备，废弃物的处理，展品接收、回运外协单位的联络、租用推车、打包机等工具，有人甚至事先观察好大型展品移出展馆的路线和出口，把每样事情都考虑周全，以保证撤展的顺利进行。

（2）按时撤展

展会主办者对展会闭幕的时间有严格规定，参展企业应令行禁止，不得随意提早撤展，如果包装箱提前拿进展馆，切忌放在过道当中。在观众清场之前，可安排办理归还租赁器材、退还押金等手续，但不宜撤下展品，以免造成不良影响甚至遭到处罚。有个别参展企业或为节省费用，或因归心似箭，把回程机票订在展期最后一天，于是在展会尚未结束时就早早收拾打包，准备打道回府，这种"胜利大逃亡"式的撤展不仅耽误观众参观，还易发生安全事故。

（3）有序撤展

展会现场无序撤展不仅会大大降低撤展工作效率，还会出现展品丢失、破损，其他文件、物品寻找不到的现象。为避免类似情况发生，展台负责人撤展前要将操作程序、人员分工进行明确交代。撤下的展架、展具要分门别类、码放整齐，根据不同情况装箱打包，并及时做好各种必要的标志。在撤展现场还要与外协单位保持联系，让他们按实际需要进场，有序完成各种物品的交接工作。

2. 撤展的有关要求

（1）撤展人员必须持证（如撤展证或布展证）才能进入展馆，搬运工要请展馆内穿有标志服装的人员，不得随意到展馆外雇请搬运工。

（2）在规定的撤展时间内开始撤展，不得随意提前或延后。

（3）严格执行"先撤展品，后撤展台，再清运"的原则，所有施工单位不得在参展商未撤运完展品时进行拆卸展台的工作。如果是笨重、体积巨大、不容易出场的展品，撤展时为提高效率，可以先撤展台，再吊运展品。

（4）撤展期间，各种装修材料、展样品不得堆放在展厅门口或展馆通道上，以免堵塞消防通道。

（5）及时将展品包装箱、包装填充物等杂物清理出馆，严禁将其存放在摊位内、柜顶、板壁的背面或其他隐蔽的地方。严禁乱扔废弃物、杂物，严禁倾倒污水、污油等污染环境。

（6）撤展时，不得将展馆的展具、家具等携带出馆。

（7）参展商须办理展品离场许可证后，方可携带展品离场。

（8）在撤展台的时候，很容易出现展品和展览设施被盗的现象，因此要及时预订保安人员照看展品和车辆的运输。

（9）一般到展会尾声的时候，人们都会有所松懈，撤展时更要注意安全问题。有的时候由于时间紧张（如紧接着就有下一个展会），在参展客户还没有撤离的时候就要拆卸展台，如操作不当,会造成人员伤亡。

(10)撤展费应在安排返程运输前结清。

货物运输合同书案例范本如下。

货物运输合同书

编号:2018××××

甲方(委托人):×××展览展示工程有限公司
乙方(承运人):
乙方办公地址:
乙方司机姓名:　　　联系电话:　　　驾驶证:　　　行驶证:
运输车辆尺寸:长　米;宽　米;高　米。
车牌:

甲乙双方本着友好协商、平等自愿的原则,签订此运输协议,现就如下事项进行约定,由双方共同遵照执行:

一、甲方委托乙方承运货物名称:展览专用铝型材料,配套材料及工具
二、规格及数量:略
三、货物起运地点:×××工业区
　　货物到达地点:×××展览馆
四、货物承运日期:2018年××月××日 下午装货
　　货物运抵日期:2018年××月××日早上8:30开始卸货(货车需要提前进馆排队)
五、运输费用及付款方式
本次运输费为人民币:
装货时先付运费预付款。货物安全按时到达目的地,材料无损失、包装箱外观无明显破损,卸货验收货物后,收货人在发运单签字,付清全部余款。

六、甲方的责任
1. 未按协议规定的时间和要求提供托运的货物,甲方应按其车辆调动情况支付相应违约金。
2. 甲方有权监督乙方车辆运输过程中进展情况,避免意外发生。

七、乙方的责任
1. 不按协议规定的时间和要求发运的,乙方应赔偿甲方合同金额的50%作违约金。
2. 乙方对货物包装不符合运输条件的,发车前有权提出改进建议。
3. 乙方必须持有与运输车辆相符的驾驶执照和行业管理部门颁发的准驾证。
4. 乙方必须给驾驶人员及车辆购买人身意外保险与车辆险。
5. 乙方不得在此次运输途中配制其他单位货物,该运输车辆为甲方专用包车。
6. 乙方必须自觉遵守我国《道路交通安全法》及有关道路交通安全的法律法规和机动车操作规程,保证行车安全;如发生道路交通事故或交通违法行为由乙方承担全部法律责任和经济损失;如乙方在履行此协议期间因交通事故而发生人身、财产损害的,或给第三方造成人身、财产损害的,则由乙方自行承担相应的责任,与甲方无关。

7. 乙方如将货物错运到其他到货地点或接货人,应无偿运至协议规定的到货地点或接货人。如果货物逾期到达,乙方应承担因此纠纷所发生的一切费用。

8. 运输过程中因乙方的违规行驶,致使货物损坏、丢失等,乙方应按已损坏、丢失货物的实际采购价进行赔偿。

9. 乙方在运输途中产生的过路费、过桥费、停车费、加油费、饮食费及违规罚款均由乙方自行承担,乙方车辆必须全程高速。

八、违约责任

1. 由于甲方原因导致未能按本协议规定时间支付乙方费用,则乙方可追究甲方超出付款时间每天按逾期费用千分之三的违约金。

2. 乙方在履行本协议期间如有其他违约行为,则甲方不承担任何责任。

九、争议及解决方式

甲、乙双方因履行协议发生争议,应通过友好协商解决,解决不成应向甲方所在地人民法院起诉,请求依法解决。

十、其他事项

在符合法律和协议规定条件下运输,由于下列原因造成货物灭失、短少、变质、污染、损坏,乙方不承担违约责任:①不可抗拒;②货物本身的自然属性;③货物合理损耗;④物品本身质量问题导致;⑤不合规格的包装;⑥危险品;⑦走私等不合法物品。

十一、本协议其他未尽事宜,双方另行协商约定。

十二、本协议经双方签字后生效,正本一式两份,甲、乙双方各执一份;本协议约定事项得以完全履行后,协议自动失效。

附件:1. 运输公司营业执照复印件
   2. 本次运输车辆司机身份证、驾驶证、行驶证复印件

甲方(委托人):   乙方(承运人):
电话: 电话:
代表人签字: 代表人签字:
日期: 年 月 日   日期: 年 月 日

实战演练

认知会展营销渠道策略。以小组为单位,开展针对当地展会主办方公司的调研活动,形成调研报告,内容包括:①主办方公司举办的相关展会信息;②这些展会的营销渠道有哪些?③营销采取的渠道策略是什么?

模块小结

本模块介绍了会展营销渠道的内涵、类型、特征、传播和策略,阐述了会展渠道冲突的涵义及管理方式。在此基础上,解释了会展物流的相关概念及作业流程。

问题思考

1. 会展营销渠道的类型有哪些?
2. 会展营销渠道的特征是什么?
3. 什么是会展营销渠道冲突?
4. 什么是会展物流?它有哪些特点?
5. 描述会展物流的运作流程。
6. 举例说明展品运输的方式有哪些。
7. 常见的展品包装材料有哪些?
8. 撤展时需要注意的事项有哪些?

模块七

会展促销

🖐 学习目标

知识目标：
- 掌握会展广告的类型、策略及媒体的选择；
- 掌握会展销售促进的内涵、类型及方法；
- 掌握会展公共关系活动的形式。

能力目标：
- 根据实际制定会展广告投放的策略；
- 能够利用销售促进手段进行展会营销；
- 能够策划一个有效的会展公关活动。

学习重点
- 会展广告投放策略、销售促进方法、公共关系活动策划。

学习难点
- 会展广告投放策略的理解和运用。

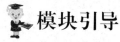 模块引导

组委会全方位营造展会氛围，助力京津冀冬季家博会全城推广

2018京津冀冬季家博会于2018年12月14日至17日在河北廊坊国际会展中心举行。在展会进入倒计时阶段，为了取得更加完美的展出效果，组委会统筹自身媒介资源，展开全方位宣传，打造了一场别开生面的展会。

一是权威网媒强势宣传。组委会特邀包括凤凰网、搜狐网、新浪家居、腾讯大燕网、中国网、一点资讯、今日头条、燕赵都市报、北京青年报、环京津新闻网、中国贸易新闻网、深圳咨询、鄂尔多斯网、海南特区报、青海广播电视台、济南广播电视台、京津冀微社区、廊坊电视台、廊坊日报、廊坊微报、廊坊掌上通、京津冀微社区等200多家新闻媒体对本次家博会的新闻发布会以及后续展会召开进行宣传报道。

二是微信公众平台推广。京津冀家博会公众号、廊坊国际会展中心公众号、廊坊掌上通

等多家知名自媒体也对本次展会进行了大力宣传。

三是传统媒体宣传覆盖。本届展会及参展商的宣传将在廊坊电视台、广电机顶盒上进行报道。电视传播仍然是品牌传播和销量提升最重要和最有力的渠道,通过电视传播将有效提升本次展会的影响力与参展品牌的知名度。

四是线下地推。本次展会不仅利用传统媒体、新媒体等相关渠道对参展品牌进行宣传推广,而且制作了精美画册在当地进行发放,并在万达广场、万向城临街大屏、五A级写字楼电梯广告、街道灯箱广告、公交车、出租车上进行宣传推广。宣传目标人群更精准,影响力更大,为展会的开展及进一步提高参展品牌知名度奠定了坚实的基础。

思考:2018京津冀冬季家博会为了取得更好的展出效果采取了哪些促销手段?

任务一 会展广告

一、会展广告的常用类型

随着经济发展和广告活动的不断深入,广告在各个国家、各个行业中占据着越来越重要的地位。会展业的广告宣传也逐渐得到业内人员的认可,为我国的会展业发挥了积极作用。

根据不同的需要和标准,可以将会展广告划分为不同的类别。下面介绍较为常用的会展广告类别。

(一)按照会展广告媒介分类

(1)印刷媒介广告:也称为平面媒体广告,即将会展产品刊登于报纸、杂志、招贴、海报、宣传单、包装等媒介上的广告。

(2)电子媒介广告:以电子媒介如广播、电视、电影等为传播载体的会展广告。

(3)户外媒介广告:利用路牌、交通工具、霓虹灯等户外媒介所做的会展广告;还有利用热气球、飞艇甚至云层等作为媒介的空中广告。

(4)直邮广告:通过邮寄途径将招展函、招商函或展会产品宣传材料等形式的广告直接传递给特定的组织或个人。

(5)销售现场广告:又称为售点广告或POP广告(point of purchase),就是在展会现场等场所,通过展示、演示等方式进行广告信息的传播,有橱窗展示、商品陈列、模特表演、彩旗、条幅、展板等形式。

(6)数字互联媒介广告:利用互联网作为传播载体的新兴广告形式,具有针对性、互动性强,传播范围广,反馈迅捷等特点,发展前景广阔。

(7)其他媒介广告:利用新闻发布会、体育活动、年历、各种文娱活动等形式而开展的会展广告。

图7-1是"中国—东盟博览会"对参展商宣传渠道及效果统计分析图,包括印刷媒介报纸、杂志等,电子媒介电视、网站等,直邮途径的邀请函等。

(二)按照广告目的分类

(1)会展产品广告:以促进会展产品的销售为目的,通过向参展商、专业观众介绍有关

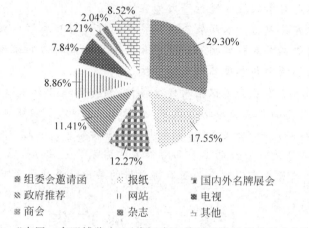

图 7-1 "中国—东盟博览会"对参展商宣传渠道及效果统计分析图
(资料来源：东盟博览会官网整理)

展会信息,突出展会的特性,以引起参展商和专业观众关注,力求产生直接和即时的广告效果,留下美好的会展产品印象。

(2) 会展企业广告：又称会展企业形象广告,是以树立会展企业形象,宣传会展企业理念,提高会展企业知名度为直接目的的广告。虽然会展企业广告的最终目的是为了实现利润,但它一般着眼于长远的会展产品营销目标和效果,侧重于传播企业的信念、宗旨或是企业的历史、发展状况、经营情况等信息,以改善和促进企业与公众的关系,增进企业的知名度和美誉度。由于企业声望的提高,使企业在公众心目中留下了美好的印象,对加速企业的发展具有其他类别的广告所不可具备的优势,因此是一种战略意义上的广告。

(3) 品牌广告：以树立会展产品的品牌形象,提高品牌的市场占有率为直接目的,突出传播品牌的个性以塑造品牌的良好形象。品牌广告不直接介绍会展产品,而是以品牌作为传播的重心,从而为铺设经销渠道、促进该品牌下的会展产品的销售起到很好的配合作用。

(4) 观念广告：即会展企业对影响到自身生存与发展的,并且也与公众的根本利益息息相关的问题发表看法,以引起公众和舆论的关注,最终达到影响政府立法或制定有利于本行业发展的政策与法规,或者是指以建立、改变某种消费观念和消费习惯的广告。观念广告有助于企业获得长远利益。

二、会展广告的投放策略

会展广告投放策略是会展主办方根据会展广告投放的目的、费用和投放平台做出的一系列的统筹方案。广告投放策略的目标是在制定的预算内,选择合适的投放平台、媒体,争取用最少的成本得到最大的效果。

1. 集中投放式策略

在特定区域、特定时刻及特定媒体总量的限制之下,广告投放能产生一种挤出效应。这种集中式的会展广告投放并非适合所有的企业及产品的市场推广。只有会展产品信息相对透明、企业无须花长时间培养市场对产品的认识,同时市场上同类展会竞争激烈、小打小闹广告投放很难见效果的情况下,才可以考虑使用此策略。

2. 连续式投放策略

连续式的投放策略其优势就在细水长流般地将展会产品或者品牌渗透进参展商和专业观众脑海中，使他们对展会的印象与好感持续增加。这种投放策略需要会展企业有较长远的广告预算，同时也要预防后进的竞争对手以高强度的广告投放进行包围和拦截。

3. 间歇式投放策略

从市场推广的角度看，间歇式的投放策略适合于会展产品的高度成熟期，参展商和专业观众对展会的记忆与好感只需间隔性的提醒，而无须密集地接触。而广告投放的间歇期的长短，则要视市场竞争的激烈程度而定。

三、会展广告媒体

广告媒体是广告与广告对象之间信息沟通的载体和媒介物。广告媒体主要分为大众传播媒体和企业自办媒体两大类。大众传播媒体主要包括报纸、杂志、广播、电视、网络广告等；企业自办媒体包括户外广告、移动广告、邮寄广告、包装广告等。

1. 报纸

报纸是指有固定名称、刊期、开版，以新闻报道为主要内容，每周至少出版一期的散页连续出版物。报纸媒体的优势在于发行量大，覆盖范围广，读者遍布社会各个阶层。报纸广告让读者可以不受时间和空间的限制，随时阅读；报纸传达信息准确，读者有时间去思考广告内容，更容易理解；可以多次对读者传递信息，如果感兴趣，读者可以多次阅读广告内容，也可以将广告信息传递给他人。

2. 杂志

杂志广告的选择力强，接触特定目标受众能力强于其他媒体；杂志的印刷质量高于报纸平面广告；杂志广告的投放形式灵活，可投于折页、插页、创意空间等；会展广告投放于声望高、信誉度好的专业杂志，会展公司可利用杂志高信任度提升产品服务信誉度。

3. 广播

在多种广告媒介的竞争中，广播凭着其独特的功能而保有其竞争力，在广告市场中占有相当地位，发挥着较为重要的作用。广播广告具有传播速度最快、传播范围最广、不受时空限制的特点。广播是通过对听觉功能的刺激来传递信息的，因此，对各个文化层次的人都有效，一般听众都能接受其信息传播。广播可供传播的信息容量大，选择余地大大增强。尤其是广播专题节目的设立是针对特定层次的消费者的，因此，在专题节目时间播送针对特定消费者阶层的广告就更有针对性，能使广告宣传深入某一层次的听众。

4. 电视

电视广告是一种在电视媒体上长时间实行散播的广告模式。电视广告面向众人，覆盖面大、贴近生活。电视广告是感性型媒体，综合表现实力强，拥有冲击力和感染力。电视广告可以塑造品牌形象，迅速提升会展产品知名度，赋予产品情愫、文化、品位等非同质化特征。

5. 网络广告

网络广告是利用网站上的广告横幅、文本链接、多媒体等方法，在互联网刊登或发布广告,通过网络传递到互联网用户的一种高科技广告运作方式。展会产品可以通过两种方式做广告,一是通过展会专业网站,二是向相关网站购买广告空间。

网络广告相较于传统媒体具有较多的优势。网络广告是多维广告,能将文字、图像和声音有机地组合在一起,传递多感官的信息,让顾客如身临其境般感受商品或服务。网络广告制作成本低、速度快、更改灵活,投放更具有针对性。网络广告传播范围广,不受时空限制,具有可重复性和可检索性。

网络广告与传统广告的比较如表7-1所示。

表7-1 网络广告与传统广告的比较

类别	传播范围	传播速度	用户接收方式	价格	注意度	更新速度	互动性	时效性
网络	球	中	被动+主动	低	高	即时	高	实时
平面媒体	区域性	慢	被动	中	高	慢	低	滞后
广播	区域性	快	被动	高	中	慢	中	实时
电视	区域性	快	被动	高	中	慢	中	实时

小阅读7-1 E展网:中国会展

E展网成立于2007年,是集展会信息、展会招商、展会宣传、展商全球订展、展会服务(展台设计搭建、礼仪模特、宾馆酒店、旅游订票等)、企业推广(硬广、软广)、展会资讯、展商电子名录、展览场馆推广、展览场馆广告位招商等于一体的展会行业网站。

该网站通过全面、及时的展会信息,以及高效、方便的网络工具,建立功能多元化和使用简单快捷的网络空间,为中国展会行业企业提供最新国内外展览、会议论坛信息,为广大企业与组展机构、参展商、展会服务企业、采购方和观众提供一个便捷、丰富的信息平台。

网站主要包括以下内容。

(1) 为组展机构招展提供具有影响力的发布平台,进一步加强展会的宣传力度,促进展会产业的发展。

(2) 为参展企业推荐针对性极强的优秀展会和强大的展商网上展厅、展商品牌宣传,从而帮助企业快速成长;为参展商提供"推荐展会、预订展位、展品物流、展台设计、宾馆酒店"一站式服务。

(3) 为展会服务企业提供强大的网上宣传和参展商名录。

(4) 帮助参展商和买家寻找展会,轻松达成生意。

以2018年为例,该网站全年共合作展会组委会1300余家(资深合作26家),合作服务企业6000余家(资深合作32家),常年保持沟通的参展商22万家(合作6000余家),展商数据350万。

6. 户外广告

户外广告是在建筑物外表或街道、广场等室外公共场所设立的霓虹灯、广告牌、海报等。户外广告是面向所有的公众,所以比较难以选择具体目标对象,但是户外广告可以在固定的地点长时期地展示企业的形象及品牌,因而对于提高企业和品牌的知名度非常有效。

7. 移动广告

移动广告是通过移动设备(手机、PSP、平板电脑等)访问移动应用或移动网页时显示的广告,广告形式包括图片、文字、插播广告、HTML5、链接、视频、重力感应广告等。随着智能手机用户普及率的大幅提升,手机屏媒成了移动广告的代表媒体。相比其他广告模式,手机屏媒能够在不损害用户体验的前提下进行广告宣传,对整个移动互联网广告是一种颠覆性的影响。

8. 邮寄广告

邮寄广告是展会推介的最常用形式,是广告主将广告信息印刷成信件或宣传品直接邮寄给参展商和专业观众的直接广告。它是以邮政传递网络为传播途径,以信函为载体的广告媒体,选择有针对性的目标客户群落的名址打印封装,通过邮政渠道寄发的一种函件业务。邮寄广告具有"私交"性质,可以产生亲切感。它不受时间和地域限制,可以有针对性地选择广告时间和地区,也不受篇幅的限制,可以较为生动地详细描述会展产品的信息内容。直接邮寄广告准确性高,且制作简单,费用便宜。

9. 包装广告

商品的包装是企业宣传产品、推销产品的重要策略之一。精明的厂商在包装上印上简单的产品介绍,就成了包装广告。利用包装商品的纸、盒、罐子,介绍商品的内容,具有亲切感,它随着商品深入到消费者的家庭,而且广告费用可以计入包装费用之中,对企业来说,既方便又省钱。近几年,许多厂商干脆在商品的外包装(如塑料提袋等)上加印自己生产或经营的主要商品,从而扩大了包装广告的作用。这种广告形式主客两宜,受到了普遍欢迎。

各类广告媒体的优缺点如表7-2所示。

表7-2 各类广告媒体的优缺点比较

媒体	优 点	缺 点
网络广告	成本低,受时空限制少,地区覆盖面广,读者专业性强,可双向沟通,效果易于统计	诚信度不高,受网络技术设备影响大
报纸	影响广泛,时效性强,对当地市场的覆盖面广,可信度高,费用较低	延续时间短,广告表现力差,不易被记住
杂志	声誉与可信度高,针对性强,持续时间长,广告表现力强,易于被传阅	广告周期长,时效性差,发行量少,价格偏高
广播	地区覆盖面广,地区针对性强,传播迅速,及时灵活,成本低	时间短促,表达不直观,缺乏视觉效果
电视	视听并存,图文并茂,富有感染力,传播及时,覆盖面广,影响面大	展示时间短,费用高,受时间频道限制,有一定的制作难度
直接邮寄	灵活性强,读者的专业性强,受时空限制少	人员、时间、经济投入相对高,有时会引起收件人反感
户外广告	灵活性强,展示时间长,成本低,醒目	针对性不强,限制创造性的表现,内容局限性大,时效性差

四、会展企业的广告投放时间选择

会展活动的周期较长,从活动对外发布到正式举办短则数月,长则需要一年甚至更久,这样长时间的筹备过程使得会展活动的广告投放形式也往往较为复杂。对于大多数会展企业而言，在长达数月甚至一年的时间持续进行广告投放是不现实的，会给企业带来巨大的成本压力，最为明智的做法是根据不同时期会展企业的营销重点，选择适当的方式进行广告投放。根据会展活动的筹备过程，可以将其广告宣传分为三个阶段。

第一阶段：会展活动策划初期，广告宣传主要是告知的作用，宣告会展活动的举行时间、地点、主题以及会展活动的基本介绍。通过宣告会展活动的诞生，抢占市场机会，同时为后期的营销活动建立基础。

为了更好地完成这一目的，在广告发布渠道方面，可以从大众媒体和专业媒体两方面进行同步宣传，尽管持续时间较短，但可以传播到最为广泛的人群中，使会展活动的信息得以迅速传播出去，为会展活动造势。

第二阶段：会展活动筹备中期，广告宣传主要是招徕的作用，以达成招商招展的目的为主。这一阶段的广告活动往往会持续到会展活动举行之前，时间较长，投入较大，因此需要精心选择专业的渠道。

从促成交易的目的出发，在广告媒体的选择方面需要偏重于利用与展会相关的行业、专业媒体进行宣传，从而有效抵达潜在参展商和观众。同时，广告的制作也应更具有针对性，充分体现会展活动的专业性、行业影响力等特性，以促进潜在顾客转化为实际客户。

这一阶段的广告宣传对于会展活动的营收具有重要影响，因此是会展活动营销投入的重要部分。对于会展企业而言，还需要注意的是控制该部分的预算，避免因广告投入过多而带来沉重的成本压力，进而影响会展活动的整体营收状况。

第三阶段：会展活动举行期间及后期宣传，主要是对展会举行期间现场活动的实况以及总结性报道。这一阶段时间较短，但却是对会展活动最为全面、具体的展示。

这一阶段需要充分借助多种媒体的力量进行大力宣传，对会展活动进行全方位、多角度的报道，形成轰动效应，一方面大力促进展会活动的影响力，另一方面可以吸引更多有兴趣的观众前往展会现场进行参观。不仅可以更加真实地表现会展活动的现场效果，而且对于广大参展商而言可以达到更好的参展效果，从而对展会活动本身的满意度也进一步提升。

尽管这一阶段所需运用的媒体类型较多，但是对于不同类型的媒体，宣传重点也应有所不同。对于专业媒体，应侧重于展会的专业性，例如，国内外参展商的数量、等级、企业影响力以及专业观众的数量、成交金额等，而对于大众媒体，则侧重于会展活动的整体情况，现场活动的丰富多彩以及与普通大众的联系，以赚取更多的放大效应。

总之，广告宣传在会展活动的筹备过程中发挥着重要作用，对会展活动的成败也具有重要影响。企业应该适当选择广告形式与媒介，从而为会展活动服务。

招展招商
销售促进

任务二　会展销售促进

一、会展销售促进的内涵

会展销售促进是指会展主办方以刺激代理商或参展商购买展位为目的的短期的激励手段。其突出特征是具有较强的激励性和明显的邀请性，旨在促进短期销售和刺激即期购买。如果说广告使消费者对展会产生兴趣，那么销售促进是将消费者的兴趣直接转化为购买行动。为此，会展主办方开展营销活动常常将广告宣传与销售促进配合使用，两者互补联动,可以达到意想不到的营销效果。近年来,随着我国会展市场竞争的日趋激烈,越来越多的会展企业认识到销售促进在会展项目招展招商活动中所发挥的立竿见影的效果,并开始大量使用。

会展销售常用的销售促进的方法及特点如表 7-3 所示。

表 7-3 会展销售常用的销售促进的方法及特点

对象	方法	特 点
参展商、代理商	现金优惠	根据客户付款时间、客户类别、采购的展位数量、面积等因素可以给予不同的现金优惠,比如提前半年报名,可以减免展位费×××元等
	打折	对展位进行打折销售,刺激展商及时或更多地购买,比如连续购买 5 个及以上特装展位,可以给予 9 折优惠等
	礼品赠送	主办方通过提供与展会有关的纪念品、礼品,甚至组织酒会、旅游等活动,吸引国内外知名企业来参展
代理商	佣金累计折扣	按照一定时期内招展代理商累计销售展位数量或面积给予代理佣金。累计销售展位数量越多或展位面积越大,计提佣金比例就越高,以此激励代理商的工作积极性
	联合促销	两个或两个以上的品牌展会联合给予优惠,同时扩大几个展会的影响力,达到展位销售的目的
营销人员	红利提成	通过推销回扣、特别推销金、分红提成等激励营销人员

二、会展销售促进的类型

按照会展销售促进对象的不同,可以将会展销售促进分为以下三种类型。

(1) 以参展商为对象的销售促进。会展主办方为鼓励参展商持续参展和多订购展位,针对展会的最终消费者参展商进行销售促进。

(2) 以代理商为对象的销售促进。代理商是会展营销渠道的中间环节,其主要责任是进行展位销售。代理商的工作成效直接决定会展营销的效率,因此主办方应该做好对代理商的销售促进,协助其更好地销售展位,激励其多销、快销。

(3) 以展会营销人员为对象的销售促进。为了充分调动展会营销人员的积极性,会展企业一般也会采取一些激励措施。

 小阅读 7-2　销售促进与促销的区别

销售促进是营销活动的一个关键要素(科特勒,1999)。长期以来,由于翻译原因,销售促进有很多叫法。在国内早期市场营销及相关著述中,它被翻译成"营业推广、促进销售、营业提升、促销推广、促销"等,而国内学术界和管理界最常用的就是"促销"。即便在国外学术性论文中也有类似的习惯用法,但是在市场营销理论中,促销与销售促进是有区别的。促销概念有广义和狭义之分。狭义的促销仅指销售促进,而广义的促销则包括销售促进、广告、人员推销和公共关系四大促销组合工具。

 小阅读 7-3　2020 年中国(杭州)电子商务博览会

中国(杭州)国际电子商务博览会(电博会)已经成功举办了 6 届,被电商界公认为最具规格、最前沿、最权威的高大上的行业盛会。2020 年该博览会的展示面积首次突破 30 000 m²,展位达到1000个,吸引27家国内省(自治区、直辖市)级副省级、省会代表团,以亚马逊、eBay、世纪联华、贝贝等为代表的306家国内外知名电商及零售企业、1000多家参展企业和近2万专业观众参加了大会的深度互动,10万人次现场观众体验了数字经济的最新成果。

1. 参展范围
   - 农业电商(平台、供应链、品牌商以及服务商)
   - 食品及饮品类(休闲、代餐、生鲜、保健、营养、母婴、功能性、乳制品等)
   - 网红类(短视频、直播带货、网红品牌商以及第三方服务商)
2. 参展费用

标准展位:单开口/双开口10 000元/个(双开口另加1000元),标准展位面积为9平方米/个(包含三面围板、公司楣板、一桌二椅和基础用电)。

光地:980/平方米(36平方米起租只提供参展空间,不包含任何设施,所需光地面积≥100平方米,9折优惠)。

3. 套餐服务

套餐一:总价36 800元,7月报名优惠价31 800元。

(1) 展会期间引入"直播带货"模式,选择2款产品参加网贸展直播活动,预期流量不低于30万次观看。

(2) 参加当季渠道对接快闪群一期,1个名额,另赠送一期2个名额。

(3) 参加网贸展电商渠道带货,入选3款产品,每期预计观看人数30万+,一年内完成交易额不低于36 800元。

(4) 协助服务企业开通快手小店并赠送一期培训课程。

(5) 中国农村电商峰会主会场入场门票15张,现场聆听大咖分享,现场对接电商平台和分销渠道。

(6) 中国农村电商展会9平方米标准展位1个,现场展示农产品,建立销售渠道和产品交易引流。

(7) 承诺,通过独家打造供应链服务平台,保障电商带货量不低于参展费用,让参展效果更佳,收获更多。

套餐二:套餐总价198 000元,7月报名优惠价168 000元。

(1) 展会期间引入"直播+县长代言"模式,举办一场县长带货直播活动,县长与主播走进直播间推荐当地农特产品(2个小时),届时会邀请超过50家媒体报道,曝光量在100万人次以上。

(2) 参加当季渠道对接快闪群一期,2个名额,另赠送一期2个名额。

(3) 参加网贸展电商渠道带货,入选3款产品,每期预计观看人数30万+,一年内完成交易额不低于198 000元。

(4) 协助服务企业开通快手小店并赠送一期培训课程。

(5) 网贸展线下供需对接会或直播合作对接会(每季一期)2个名额,可以对接20+各类渠道负责人。

(6) 邀请国家商务部唯一主办报纸《国际商报》或人民日报《民生周刊》对所在地区或品牌进行报道。

(7) 中国农村电商峰会主会场入场门票1张,现场聆听大咖分享,现场对接电商平台和分销渠道。

（8）中国农村电商展会9m²标准展位10个，现场展示农产品，建立销售渠道和产品交易引流。

（9）承诺，通过独家打造供应链服务平台，保障电商带货量不低于参展费用，让参展效果更佳，收获更多。

（资料来源：中国（杭州）国际电子商务博览会官网整理而成）

任务三　会展公共关系

会展公共关系

在改革开放中，一门新学科正在我国兴起，这就是公共关系学。公共关系的主要功能是沟通信息、协调社会组织与公众之间的关系、扫除相互关系中的障碍、谋求合作和支持。它主要是通过各种现代化的传播手段，及时掌握来自公众的各类信息，使自己不断适应所处的环境，并为制定正确的经营方针和策略提供咨询。同时，通过向公众及时传达各类信息，来赢得社会各方面的理解和支持。

公共关系作为一种管理理念，在国外已有较长的发展历史。欧美各国将它广泛用于整个社会的各个部门，在经营管理、市场营运和大众传播领域发挥着独特的功能。工商企业和社会机构普遍设置公共关系协会；不少高等院校开设公共关系专业；国际上也成立了世界公共关系协会和国际公共关系学会。公共关系已越来越受到国际社会的广泛重视。

一、公共关系的概念、原则及其分类

（一）公共关系的定义

公共关系一词源自英文的Public Relations。Public意为"公共的""公开的""公众的"，Relations即"关系"之谓，两词合起来用中文表述便是"公共关系"，有时候又称"公众关系、机构传讯"，简称PR或公关。关于公共关系的各种定义有很多，其中较有影响的有以下几个。

（1）公共关系是一种内求团结、外求发展的经营管理艺术。它运用合理的原则和方法，通过有计划而持久的努力，协调和改善组织机构的内外关系，使本组织机构的各项行政管理和活动符合广大公众的需求，在公众中树立起良好的形象，以谋求公众对本组织机构的了解、信任、好感和合作，并获得共同利益。

（2）公共关系是一个组织运用各种传播手段，在组织与社会公众之间建立相互了解和信赖的关系，并通过双向的信息交流，在社会公众中树立起良好的形象和声誉，以取得理解、支持和合作，从而有利于促进组织本身目标的实现。

（3）公共关系是用传播手段塑造组织自身良好形象的艺术。

（4）公共关系是一个社会组织用传播的手段使自己与公众相互了解和相互适应的活动或职能。

一般情况下，公共关系指一个社会组织用传播手段使自己与相关公众之间形成双向交流，使双方达到相互了解和相互适应的管理活动。这个定义反映了公共关系是一种传播活动，也是一种管理职能。

良好的公共关系包括以下几个要点。

(1) 公共关系是积极主动的。在人们听到歪曲了的小道消息之前,公共关系人员应告诉他们准备做些什么以及如何去做。

(2) 公共关系是每个人的事。公共关系不单纯是一个公关人员的责任,组织的每一个成员的行为和态度都会影响公共关系,在某种意义上说,那些每天同公众打交道的人就是该组织的"公共关系大使"。

(3) 公共关系是一项特殊的活动。对组织所面对的公众,组织可以时而与之联系或时而不与之联系,但公众一直在对组织做出某种评价。最好的办法是让公众了解情况,这就需要持久的工作。

(4) 你所做的一切都与公共关系有关。许多人认为,公共关系是指发表一条新的消息,一份年度报告,一次演讲,或一份员工通信。确实,这些都是公共关系活动,但公共关系不止于此,电话中回答的语调,写信的风格,主持工作的方法,上下班的准时与否,以及制服的整洁等,都与公共关系有关。公共关系是你所做的每件事对你面向的公众的影响。

每个会展企业都应重视建立良好的公共关系,因为公众对会展的称赞和认可,具有极大的意义。会展业比其他任何行业都更紧密地与人们的爱好联系着。

(二) 会展公共关系的活动原则

会展活动与公共关系有着千丝万缕的联系,一方面,对于广大会展组织者来说,会展活动本身具有较强的公众参与性,处理会展中的公共关系是会展活动的基本内容;另一方面,对于参展企业而言,参与会展活动就是其建立、培养、发展公共关系的一种表现形式。

为使企业公共关系工作卓有成效,必须先了解公共关系活动的原则。

1. 以事实为根据的原则

要使企业建立良好的公共关系,首先考虑的不是技巧,而是对事实的准确把握,必须进行科学的调查研究,收集关于公众的情况,关于企业与环境互助情况的各种信息,只有掌握了足够多的事实,才能进而策划企业公共关系的活动计划。

2. "做"和"说"相结合的原则

由于会展企业公共关系是一种传播活动,因而容易被误解为是一种单纯的宣传技巧。这就更要强调,良好的企业形象必须以良好的产品和服务为基础,也就是说,首先要"做"得好,只有提高企业产品的质量和服务水准,满足不同顾客的不同需求,才能赢得公众的信任和支持。

然而,在现代社会条件下,一家会展企业要想获得更好的生存和发展环境,仅仅靠"做"是不够的,还要进行推广,也就是"做"的前提下要"说",企业公共关系的本意就是"自己做"加"被人认识",要想获得别人的信任和支持,就必须让别人了解自己,否则就谈不上互相理解和互相适应。

3. 效益、互利和创新相结合的原则

从公共关系的角度出发,效益这一概念意味着经济效益和社会效益的总和。如果会展企业只追求经济利益,不承担其他社会责任,那么会展企业必定会声名狼藉,甚至无法生存。现代会展企业经营管理的一个重要思想是要同时注重其经济效益和社会效益,这也是会展企业公共关系思想中一个十分重要的内容,自然也是公共关系工作中应该遵循的一个重要原则。

会展企业无时不在与各种公众发生着各种关系,要使这些关系有利于企业发展,仅靠单方面的让利是不行的。无论是在计划决策、搜集信息、反馈公众意愿方面,还是在谈判席、洽谈会上,都要有互惠互利的意识,以利于随时调整自己的政策和方案,促成事业的成功。值得指出的是,实施互利原则不只是一种姿态,而是政策性、计划性、灵活性很强的、具有创造性的工作。

会展企业的成功与出色的公共关系工作分不开,而成功的公共关系工作则必定是具有创新特点的。会展企业公共关系工作固然离不开细水长流式的日常活动,但从公共关系本身的性质来看,它所从事和处理的对象主要是与广大公众的关系,这种关系经常在变化,具有极大的灵活性,不以耳目一新的方法和形式来处理各种关系,就无法吸引公众对会展企业的注意力,更无法有效地使公众对会展企业留下深刻印象。因此,会展企业要创造性地开展工作,通过新颖、独特、令人难忘的公共关系活动,塑造会展企业的崭新形象,以人无我有的公关手段来出色完成诸如广告、推销等方面的任务,以取得事半功倍的效果。

4. 公开、正当与合法手段相结合的原则

会展企业公共关系是一种在现代经济条件下正常的交往和联系。为此,有效的会展企业公共关系活动必须遵循公开、正当与合法手段相结合的原则。

(三) 公共关系的分类

著名营销大师美国西北大学麦迪尔新闻学院副教授托马斯·哈里斯(Thomas L. Harris)把公关分为两种,一种是以营销为主导的公关,其作用是专门支持营销计划的目标;另一种是以处理一般性的公众事务为主的企业公关,保持管理公众传播事务的原始功能,支持企业的整体目标。

公共关系类型可以根据社会组织和公众的类型及它们之间的不同组合等进行区分。一是分为政府公共关系、企业公共关系、群众团体公共关系、军队公共关系、学校公共关系等;二是分为员工关系、股东关系、消费者关系、同行关系、社区关系、政府关系、社会名流关系、国际公众关系等;三是分为内部公共关系、外部公共关系等。

二、会展活动公共关系的功能

会展活动公共关系有以下功能。

1. 充分展示企业的形象和产品品牌,建立良好企业形象

作为一种现代化的传媒方式,会展活动通过举办大规模、多层次、多种类的会议和展览,带来源源不断的商流、物流、人流、资金流和信息流,对企业而言不仅产生直接的经济效益,还可以充分展示企业的形象和产品品牌,建立良好的企业形象。会展活动已远远超过单纯地举办会展本身所具有的意义,成为树立城市形象、展示发展成果、弘扬文化艺术、促进经济建设和推动社会进步的朝阳产业。

2. 会展活动是吸引注意力的平台,是维系多方的纽带

在会展活动中,生产商、批发商和分销商汇聚一堂,进行交流、贸易。企业可以利用各种信息渠道宣传自己的产品,推介自己的品牌、形象。企业与顾客可以直接沟通,得到及时反馈。企业可以收集有关竞争者、新老顾客的信息,了解本行业最新产品动态和行业发展趋势,构成决策依据。因此,会展活动是时下备受推崇的吸引注意力的平台和维系多方的纽带。

3. 会展活动可以通过各方的合作,建立彼此的互惠互利关系

会展业是一项极为复杂的系统工程,受制因素很多,从制订计划、市场调研、展位选择、展品征集、报关运输、客户邀请、展台布置、广告宣传、组织成交直至展品回运,形成了一个互相影响、互相制约的有机整体。这个有机体在互惠互利、对等援助、对等回报的基础上,通过所有参与会展的社会组织互助合作,从而提高招展能力,扩大招展范围,做大做强展会。

三、会展公共关系的内容

公共关系工作是公关人员为贯彻落实会展企业的公共关系思想,运用专业技能而开展的职业活动,其主要内容有以下几个方面。

(1) 充分运用新闻媒介扩大在社会上的知名度和影响。利用大众媒介进行宣传不仅是一种不花钱的广告,而且由于大众媒介影响力广泛,信息密度高,因此在公众中最具有权威性。会展企业如果能利用新闻媒介向公众宣传企业的情况,就能扩大会展企业的影响,为自己的经营活动铺平道路,有新闻界的充分合作,也是会展企业成功的一个重要因素。

(2) 引导协调企业与员工之间的关系,做好内部公众的公共关系工作。会展企业要创造一个上下左右关系融洽、工作舒畅、个人能力得以充分发挥的工作环境,利用公共关系来沟通会展企业内部关系。

(3) 注意将工作做细,与顾客保持良好的关系,不要忽视细小的事情,往往就是在细微之处见竞争手段的高低。

(4) 注意及时排解纠纷,妥善处理顾客的投诉,维护会展企业声誉。在会展企业的经营过程中,出现这样那样的问题是正常的,关键在于会展企业怎样以最快的速度、最有效的方法及时排解纠纷,妥善处理好这些问题,使可能出现的不良影响消除或降到最低限度。

(5) 监测社会环境,分析发展趋势。公共关系必须不断地监测社会环境变化,其中包括政策法令的变化、社会舆论的变化、公众志趣的变化、自然环境的变化、政治经济形势的变化、市场的变化等。同时,公共关系根据对政策法令、社会民意、时尚潮流等重要外界因素的监测和分析,向会展企业预报有重大影响的近期或远期发展趋势,预测企业的重大行动计划可能遇到的社会反应等。

会展企业有良好的公共关系,就是无形的财富,会展企业的好名声会不胫而走,广为传播,乐意来光顾的客人就会越来越多,这样就可提高会展企业的经济效益和社会效益。因此,公共关系工作对于现代会展企业来说是不可缺少的。

四、会展公共关系活动的模式与策略

(一) 会展公共关系活动模式

所谓公共关系模式,是指一定的公共关系工作方法系统。一个公共关系模式是由一定的公共关系目标和任务,以及这种目标和任务所决定的数种具体方法和技巧构成的一个有机系统。会展企业要根据自己的特点、发展的特定要求、社会环境所提供的具体条件,以及公众的不同类型、不同要求,选用不同的公共关系模式。

1. 宣传性公共关系

这种模式是以利用各种传播媒介向外传播为主,目的是直接向社会公众宣传自己,以求最迅速地将会展企业内部的信息传输出去,形成有利的社会舆论。

1984年,美国总统里根圆满地结束了对中国的访问,临别时要举行答谢宴会。按以前惯例,这种规模的国宴总是在人民大会堂宴会厅举行。当时新开业不久的北京长城饭店公关部觉得这是一次极好的提高知名度的机会,经过一番卓有成效的努力,答谢宴会终于在长城饭店如期举行了。随同里根访华的500名外国记者一起参加了宴会采访。宴会开始后,记者们争先恐后通过电传机向世界各通讯社发稿:"今天×时×分,美国总统里根在北京长城饭店举行盛大的访华答谢宴会……"于是,长城饭店的大名一下子传遍了世界各地。

宣传性公共关系的特点是主导性强、时效性强,能有效地利用传播媒介沟通与公众的关系,而且能获得比较广泛的沟通面。但它也有间接性的局限,往往使沟通停留在"认知"的层次。

2. 交际性公共关系

这种模式以无媒介的人际交往为主,其特点是具有直接性、灵活性和人情味,能使人际间的沟通进入情感层次。它的目的是通过人和人的直接接触,为会展企业广结良缘,建立广泛的社会关系网络。其方式包括社会交际和个人交际,如各种各样的招待会、座谈会、工作午餐会、宴会、茶会、慰问和专访活动、接待应酬等形式,个人署名的信件往来亦属于人与人的直接接触。

交际性公共关系的作用在会展业中表现得特别明显。会展业公共关系工作大量地渗透在那些日常的服务工作之中,诸如为顾客提供优质的服务,处理顾客的投诉,解释误会和疑难,都需要公关人员的耐心、友善和诚意。

3. 征询性公共关系

这种模式以采集信息、舆论调查、民意测验为主,其特点是细水长流、日积月累、持之以恒,它需要耐力和诚意。其目的是通过掌握信息,为企业的经营管理提供参谋,如开办各种咨询业务、建立接待机构、处理投诉、开展有奖测验活动、制作调查问卷收集顾客意见等。

4. 社会性公共关系

顾名思义,这种模式以各种有组织的社会性、公益性和赞助性的活动为主,如开业庆典活动、周年纪念酒会、当地传统节日的活动、公益赞助活动等。会展企业都以社会为活动舞台,公共关系人员要充分利用这个舞台的空间,善于抓住一切有利时机,导演出高潮迭起的"连台好戏",使会展企业在社会舞台上有声有色,引起社会公众的广泛注意。

社会性公共关系有两种形式:一是以会展企业本身的重要节日为中心,如利用会展企业的开业大典、周年纪念,邀请各界嘉宾,渲染喜庆气氛,借庆典活动与各人士建立关系;二是以会展企业所处的社区或有关组织的重要节日为中心,如参加所在地有影响的节日活动,赞助福利、慈善事业,建立企业形象等。社会性公共关系的特点在于它的公益性、文化性,它不拘泥于眼前的得失,而着眼于整体形象和长远的效益。

5. 服务性公共关系

这种公共关系活动是以提供各种优质服务为主,目的是以实际行动来获取社会公众的了解和好评,建立良好的会展企业形象。由于服务的目的不仅是促销,而且更在于树立和维持良好的形象,因此,具有公共关系的特性。

服务公共关系最显著的特点在于实在的行动。由于它和企业的业务密切渗透,因此不能仅靠公共关系部门去进行,而要由会展企业总经理协调各个业务部门去共同进行。

6. 维系性公共关系

这种模式是以较低的姿态,持续不断地向公众传达会展企业的各种信息,久而久之,使会展企业的形象潜移默化在公众的记忆系统中。它的主要功能就是设法在不知不觉中造成和维持一种有利的意见气氛,以维持会展企业的良好形象。可见,维系性公共关系是一种深化、推动公众对会展企业产生"认识—行为—理解"的模式。

良好的会展形象一定是持续努力的结果。如果会展企业在一段时间里无声无息,人们就有可能忘掉它。因此,公共关系人员应该以一种不那么引人注目的方式,不断地在公众耳边吹风,从而在公众中起到潜移默化的作用,不落痕迹地维系会展企业在公众心目中的形象。

7. 防御性公共关系

这种模式是会展企业与外部环境发生整合上的困难,与公众的关系发生某些摩擦的时候,通过各种调整手段,以适应环境的变化,适应公众的要求,防患于未然。公共关系应该以防为主,在情况正常的时候,要善于发现问题,预见问题,及早制定出防治措施,才能在公共关系活动中保持主动。例如,某地展览馆在建造时,建筑工地在施工中给附近居民带来不便,于是,展览馆和施工队在工地旁树立了一块很大的告示牌,上面写着"×建筑队,在此施工,给您带来了麻烦,请原谅。"此外,施工时还注意做到不在居民的通道堆放建筑材料等,以此博得居民的谅解。因此,以防为主是公共关系处理一切关系失调问题的上策。

8. 矫正性公共关系

这种模式是在会展企业的公共关系严重失调,发生"会展企业形象危机"的时候立即采取一系列有效措施,做好善后工作,配合其他有关部门,挽回会展企业的声誉。

总之,会展公共关系活动的组织者在实施总体战略过程中,需要协调与政府、合作单位、新闻媒体、参展商、社会公众、内部员工等多方面的关系,从而达到良好的产业效应、经济效应和形象效应。

(二)主要会展公共关系形式

下面着重介绍几种会展公共关系的形式:开幕式、招待和宴请、推介会、座谈会、拜会活动、贵宾邀请、专题会议、礼品促销、进行评奖、现场表演等,这些活动各具特色,其目的都是为了更好地进行展览项目的宣传与推广。这里主要介绍开幕式、招待和宴请以及推介会。

1. 开幕式

开幕式是展会的重要仪式,也是重要的展览展示公关活动。举办开幕式的主要目的是制造气氛,扩大影响。结合新闻媒体的报道,开幕式能产生相当大的宣传和公关效果。开幕式的邀请范围包括政府领导、工商名流、新闻人士、外交使节等,这些人物本身就有相当大的影响力,具有宣传价值,可以提高展会的知名度,吸引更多的观众参观展览,对展览贸易效果有着直接的或间接的重要影响。

2. 招待和宴请

招待和宴请是展览公关的主要方式之一。举办招待会的主要目的是扩大交际范围,为参展商、观众、合作单位等提供一个与展览组织机构交流与沟通的重要平台。邀请一些重要人物出席招待会,并适当安排重要人物在招待会上主持并做简短讲话,有利于提高招待会的气氛与效果。在招待会上,展览展示组织机构应多与当地工商界人士、政界要员以及新闻界记者结识与交流,建立良好的人际关系。举办招待会将涉及活动经费、人员安排、事件组织、时间管理等因素,因此要事先制订计划、统筹安排。

3. 推介会

与目标客户直接对话、交流,是双向互动式营销,是鲜活的形象宣传。举办推介会,比单纯寄送招商材料更让客户感到亲切、舒适,更能贴近他们的需求,让目标客户感受到展览组织机构的专业化素质和真诚服务精神,增强对展览的信任度和忠诚度。推介会组织的成功与否,很大程度上决定了招展和招商工作的成效。例如,2010年上海世博会在美国、德国、英国、法国、加拿大等世界各国及中国很多的大中型城市组织世博会推介会,取得了良好的效果,为2010年上海世博会的招展和招商的组织工作起到了很大的推动作用。

(三)会展公共关系活动策略

公共关系作为一种经营管理艺术,绝不是偶然的和随机的活动,而是在会展企业与公众之间的内外交往中进行的一种有目的、有计划的企业管理行为。因此,公共关系活动要有周详的计划,选择最佳方案,以增强其严密性、条理性和科学性。

所谓公共关系活动策略,指的是实施预定的公共关系项目时所需的技巧。制定公共关系方案既要强调其计划性,又要使活动方案灵活机动,富有新意。

(1) 制定活动方案时,预测可能有哪些影响因素,在具体进行某一公共关系活动时,往往会受到经费预算、技术细节以及时间、地点、环境、气氛等可控和不可控因素的影响。例如,不要在发生重大国际性或全国性事件时向报社发新闻,因为这时发的新闻大多要被挤掉。因此,公共关系人员必须根据新变化、新条件、新要求来构思新的活动策略。

(2) 具体公关项目的执行要选择适当的时机。选择时机对一个企业来说至关重要,一个良好的公共关系活动方案如果错过了有利时机,就不能有效地发挥公共关系的作用。经验丰富的公共关系人员通过事先周密、全面的计划,抓住一切有利时机,积极主动开展各种公共关系活动,以达到预期的公共关系目标。

(3) 设计公共关系活动,要把不同的传播渠道结合起来。公关项目的具体实施,从本质上说是一种传播活动,因而传播渠道的选择也是公共关系活动策略中的一个重要因素。

(4) 要准备几套不同的活动方案,要研究有无其他方案可以达到同样的目的,且又省力、省时、省钱。企业所要的是以最小的投入、最少的资源得到最大的效益。

 小阅读 7-4　上海申博的公关操作

世界博览会(world exhibition or exposition)简称世博会(World Expo),是一项由主办国政府组织或政府委托有关部门举办的有较大影响和悠久历史的国际性博览活动。中国2010年上海世界博览会(EXPO 2010)是第41届世界博览会,于2010年5月1日至10月31日在中国上海市举行。此次世博会进一步提高了我国的国际形象和地位,加强了与各国的经济和技术合作,促进了国际经济贸易往来。而此前申办2010年世界博览会的公关案例,也获得了第二届上海市优秀公共关系案例评选特等奖,是公关案例的成功典范。

从策划分析上来看,申博的公关目标非常明确,就是充分显现上海这一世界级的城市形象和城市能级,赢得各国的赞誉,并打动评委来投上海的票,吸引参展国来上海建馆设展。所以,贯穿整个公关策划的就是突出优势、体现个性和展示魅力。针对公关目标,开展了丰富的申博活动。2001年9月前以发放宣传册为铺垫,之后展开了大规模全方位的宣传,主要包括以下方面:①世博会知识网络电视竞赛;②举行申办2010年上海世博会新闻通气会;③世博主题文艺演出;④"万人支持申博网上签名"活动;⑤"上海市民骑车申博万里行";⑥2010名上海市民代表宣誓;⑦"长江三角洲申博之旅";⑧征求申办徽标、口号、招贴画;⑨进入社区的"世博会向我们走来——世博知识巡回展";⑩成立支持中国申博"企业后援团";⑪派遣37个组团出国访问了87个BIE成员国,其中包括9个非建交国家。全方位的公关活动取得了良好的效果。英国《泰晤士报》、SKY新闻频道、星空传媒、西班牙《世界报》、法国《世界报》、韩国YTN电视台等多家国外媒体对上海的申博活动进行了详尽的报道,最终吸引了世界的目光。

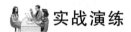

实战演练

首届房山韩村河香椿旅游文化节公关活动

一、项目背景

随着我国经济由高速增长阶段转向高质量发展阶段,以及工业化、城镇化、信息化的深入推进,乡村发展处于大变革、大转型的关键时期。根据近年来北京市农业规划发展都市现代农业、休闲观光农业的定位,房山区韩村河镇积极调整农业结构,不断转变发展方式,以香椿产业为依托,积极探索,改革创新,促进三产融合发展。

居民消费结构加快升级,中高端、多元化、个性化消费需求快速增长,反向推动了农业改革的步伐。人们对休闲生活质量和服务要求日益提高,回归自然、返璞归真的愿望日趋强烈,越来越多的旅游者愿意参与到乡村旅游节庆活动中,通过参与节庆活动放松身心、亲近大自然,获得乡野体验。房山韩村河圣水峪将举办香椿旅游文化节,以农产品为依托,打造香椿文化品牌,通过观光采摘、民俗旅游和特色农事体验、高附加值产品开发,以香椿产业带动了镇域经济、文化和旅游事业全面协调可持续发展。

随着中央1号文件及《关于加快发展农业生产性服务业的指导意见》《关于促进农业产业化联合体发展的指导意见》《国务院办公厅关于加快转变农业发展方式的意见》《关于大力发展休闲农业的指导意见》等相关政策的出台,乡村振兴战略、美丽乡村建设、一村一品的提出,为韩村河圣水峪香椿产业带来了前所未有的发展机遇,2019年通过了市区农委"上方山香椿"地理标志性农产品认证。结合将"上方山香椿"打造成北京房山的名片,以香椿为媒,广交天下朋友的发展目标,韩村河镇圣水峪将举办首届韩村河圣水峪香椿旅游文化节,以"椿香满山谷 大美圣水峪"为主题,香椿节围绕乡村振兴战略,以香椿为媒介,突出旅游与文化、招商、现代农业、利农惠农相结合,着力打造圣水峪香椿品牌。香椿节以"打造香椿产业文化名片,推动地区旅游产业发展"为办节宗旨,展示圣水峪当地香椿发展成果,大力弘扬香椿文化,传承优秀传统文化,宣传圣水峪民俗历史、人文、生态环境,推动旅游产业发展;同时发挥旅游名片效应,提升镇域知名度,拓宽旅游富民途径,促进农民增收,促进一、二、三产融合发展,不断开创农业发展新格局。

二、环境分析

圣水峪村位于北京市房山区韩村河镇西北部,因靠近汉唐以来佛教圣地上方山,为牤牛河谷上游,故名。圣水峪村地处上方山国家森林公园旁,旅游资源丰富,村域面积 28 350 亩,人口 1323 人,其中农户 450 户,1100 人,村内环境优美,空气清新,村容村貌整洁,香椿种植是圣水峪村农业主导特色产业。

上方山香椿历代驰名,香味十足,品质极优。据记载,早在明永乐年间由隐居圣水峪村太湖山的辅政高僧姚广孝作为贡品,进贡给皇帝食用。2013 年舌尖上的中国对上方山香椿推荐后,上方山特色香椿的盛名远播,名声大振,可见其价值珍贵。圣水峪村村民历代种植香椿,对香椿采摘、管护、修剪具有一套独特的方法。

上方山香椿在 2013 年通过农业部无公害农产品认证,同时载入了 2015 年农业部名特优新农产品目录。2019 年通过"上方山香椿"地理标志性农产品认证。"上方山香椿"在当地已规模化和产业化。依托产业而打造的一系列农业节庆活动已经形成了良好的品牌效应、集群效应,能够吸引大量游客来此观光休闲。秀丽的上方山风光,优美的旅游生态环境,独特的地域文化,便利、先进的基础设施及服务都将成为韩村河圣水峪香椿旅游文化节举办的优势资源和重要依托。

三、展会立项

(1) 名称

首届房山韩村河圣水峪香椿旅游文化节

(2) 时间

2020 年 4 月 19 日(谷雨)—4 月 21 日

(3) 地点

北京市房山区韩村河圣水峪(见图 7-2)

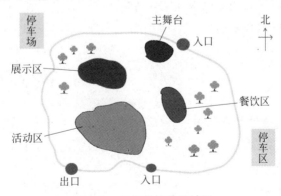

图 7-2 文化节场地设计图

(4) 主题

椿香满山谷 大美圣水峪

(5) 活动目标

① 本次活动旨在进一步宣传和弘扬香椿文化,不断扩大圣水峪香椿的知名度和美誉度,吸引更多游客到韩村河圣水峪踏青赏"椿"、观光旅游。

② 以香椿产业为依托,通过香椿旅游文化节节庆活动展示韩村河圣水峪丰富的乡村旅游资源,带动乡村旅游发展,助推生态旅游建设,促进一、二、三产融合发展。

③ 提升韩村河圣水峪香椿文化的品牌影响力,拓宽富民途径,促进农民增收,推动乡村振兴战略不断深入。

(6) 组织机构

主办单位:中共韩村河镇委员会 韩村河镇人民政府

承办单位:圣水峪村委会

支持单位:房山电视台

思考:作为首届节庆活动,急需利用会展公关活动开展传播,请同学们以小组为单位,为该活动策划一个公关活动以达到传播推广的效果。

模块小结

本模块介绍了会展广告的常用类型、投放策略,并对各类广告媒体进行了说明和比较;阐述了会展销售促进的内涵、类型及方法;解释了公共关系的概念及其分类,列举了会展公共关系活动的功能,在此基础上重点介绍了开幕式、招待和宴请、推介会三种会展公共关系的活动形式。

问题思考

1. 网络广告相对于传统媒体具有哪些优势?
2. 会展广告投放策略的含义是什么?有哪些类型?
3. 什么是会展销售促进?会展销售促进的常用手段有哪些?
4. 会展公共关系活动的功能体现在哪些方面?
5. 公共关系活动形式有哪些?

模块八

会展营销创新

学习目标

知识目标：
- 掌握会展营销创新的含义；
- 理解会展营销内容创新。

能力目标：
- 分析具体展会的营销创新理念及手段。

学习重点：
- 会展营销创新对策。

学习难点：
- 会展营销内容创新。

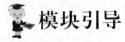
模块引导

会展业无界融合掀开新篇章

2019年3月7日，第四届中国会展业绿色可持续发展研讨会暨第二届中国会展创新者大会在重庆国际博览中心举行。此次大会以"会展创新·融合激发变革"为主题，来自国内外一流的信息化公司、互联网金融、展会主办方、会展场馆、会展服务等各领域嘉宾汇聚一堂，分享"会展＋N"的新生态、新业态、新思维、新技术和新模式，探索以开放跨界的精神为会展业带来"无界"意识，会展业无界融合的时代已经到来。

随着5G时代和人工智能的来临，展览形态、观众群体发生着变化，展会主办方除了要提供便捷的参展方式外，还要创造良好的展览氛围以及与会体验。在万物互联时代，参展商不是单纯的客户，而是主办方未来的合作伙伴。展会主办方要为与会者提供线索、商机、活动甚至客户管理的全渠道体验，要提升与会者体验的愉悦感。

会展行业的跨界需要用新技术构建会展行业新生态。对于会展业来说，人工智能赋能会展新生态包括两部分：一是"AI＋会展"，二是"AI＋会展服务智能融合"。数据赋能有三点：一是大数据，二是应用，三是平台。会展大数据包含两部分内容：一部分是会展行业的数据;另一部分是整个互联网的,包括运营商的数据。未来,这两部分数据之间进行交换,以支撑不同应用场景的业务需求。当展会组织方拿到客户数据、企业运营数据和体验数据时,就有机会创新商业模式,提供增值服务。

思考:会展业无界融合时代,会展营销创新体现在哪些方面?

任务一　认识会展营销创新

认识招展
招商创新

一、互联网时代下会展营销面临的变革

根据《中国互联网发展报告(2019)》统计,截至2018年底,中国网民规模达到8.29亿,全年新增网民5653万,互联网普及率达59.6%,超过全球平均水平(57%)2.6个百分点。手机网民数量持续增长,截至2018年底,中国手机网民规模达8.17亿,网民中使用手机上网的比例由2017年底的97.5%提升至2018年底的98.6%。随着互联网、移动互联网在中国的进一步普及和深化,以及"互联网+"大趋势,信息技术必然成为各行业创新发展的驱动力。

中国会展市场是最早利用互联网的行业之一,比如早期的基于互联网的基本理解和应用建设展会官方信息网站。进入大数据时代,互联网链接了整个会展产业,集合了全球众多的展会官方网站信息,包括全球采购商和展商,连通了会展酒店、会展机票、会展运输、会展搭建等全产业链。会展营销发生了前所未有的新变化:利用互联网信息数据查询、对比现场照片和视频观看了解展会;利用大数据分析、匹配和推送功能,向各自适合的展商、采购商推送优质的展会项目;展商和采购商根据自己需求制订全年的参展参会计划;在网上实现展位预订、门票预订、机票酒店预订以及各种展会配套服务的在线预订等,会展营销创新已经成为必然趋势。

招展招商
渠道概述

二、会展营销创新的含义

会展营销创新,就是根据营销环境的改变,或者根据预见的将会发生的变化,结合企业自身的资源条件和经营特色,寻求营销要素某一面或某一系列的变革或突破,且这些变革和突破是竞争者从未使用过的或在特定市场中是崭新的。能否最终实现营销目标是衡量会展营销创新成功与否的标准。

会展行业正在兴起的营销新变革,对现有会展营销模式提出了挑战。新形势下进行会展营销创新是外界因素影响的结果,也是自身改变寻求发展的需要。

1. 会展营销理念创新

会展营销的创新首先应该从营销理念着手,在当前"互联网+"思维不断深入的情况下,"互联网+会展"是必然的发展趋势,这一营销理念的建立是指导未来会展企业营销活动的基础。需要注意的是:"互联网+"更多表现为一种会展企业面对互联网现代商业环境的思维方式,即利用当下以互联网为核心的云计算、大数据等工具为基础,对会展项目、参展商、专业观众、企业价值链以及营销手段等进行重新审视、资源整合的思维方式,而不只是利用互联网作为工具对原有会展活动的技术性补充和完善。

从现实的会展业发展来看,尽管当前的会展活动中线下仍是主流,但是越来越多的会展企业在活动期间同步推出了"线上"活动,这种"线上会展"的不断发展正是"互联网"思维的一种表现。而2020年由于新冠疫情的突袭,国内外的会展行业都受到了巨大冲击,不少大型会展活动不得不取消或推迟。在疫情得到一定控制后,多数城市的会展行业终于得以重启,但在举办形式上仍做出了较大调整,广大会展企业不得不更多地将重心放在"线上"活动中,甚至取消了线下活动,仅仅依靠"线上"运行,而这可能仅仅是未来会展业一系列变动的开端。

2. 会展营销主体创新

长期以来,会展营销的主体主要集中于会展的主办方、承办方,是企业针对具体会展项目而展开的商业行为。而如今会展业的蓬勃发展,尤其是以城市为中心的会展经济的不断发展,则使会展营销的主体也更加多样化。会展营销不再是单纯依靠会展公司进行运营,而是要努力得到会展城市、参展企业、专业媒体(包括最新崛起的自媒体)的大力支持,充分发挥各部分对于展会活动的宣传效应,运用多层次且更加丰富的资源、手段来实现营销目的。

从我国的情况来看,会展行业已经成为许多地区、城市着力发展的重点行业,我国的会展行业也已经形成了较为明显的地域特征,北京、上海、广州三地作为第一梯队,是国内会展业最为发达、影响最大的城市,在国内的会展业发展中处于明显优势;深圳、厦门、杭州、长沙、重庆、成都等城市则依托各地政府对会展业的大力扶持,纷纷打出"国际会展名城"的名片,争作区域会展龙头。

各地政府也将会展行业当作带动当地经济发展、助推产业进步的有力工具,为此提出了一系列鼓励、促进会展业发展的措施,甚至通过财政、奖励等手段给予企业支持,不仅极大地提高了地区会展企业的竞争力,而且极大地带动了地区经济的发展。这一外部环境的变化,也使得在会展项目营销活动中,会展企业、活动举办地的政策倾斜、整体环境以及对会展项目的友好度都对参展商及观众具有重要的影响。对于会展企业而言,若能借助地区优势、政策优势等外部形势,无疑会处于明显的优势地位。

3. 创新营销手段

企业可以利用新科技的出现进行营销手段创新,来吸引客户的注意力,借此推广自己的产品。企业要不断运用创新的营销策略来吸引顾客,并适应会展经济的不断发展。

如今利用新科技手段来进行营销手段创新也已经成为会展企业的一项新举措。随着人脸识别技术、LBS技术、手机定位技术、DSP技术、H5技术的不断成熟及应用,场地预定、签到技术也不断得到发展,近年来兴起的二维码签到、V直播、微信互动、大屏幕互动等就是最好的证明。

值得注意的是,在新技术应用不断更新的同时,也涌现出了一批以会展科技研发为主的公司,他们分布在会展产业链上,通过不断创新、完善新技术,而成为传统会展活动的重要辅助力量。这些新技术手段的推广与实施,一方面可以大大提高现代会展业的效率,利用科技手段来从事更多的服务工作,缓解会展业人才不足的压力;另一方面作为对实体会展的有益补充,进一步丰富会展活动体验,为会展活动增光添彩。

小阅读 8-1　互联网在会展营销的应用

（1）建立客户数据信息。在互联网基本普及的现在，很多企业都比较接受借助一站式数字管理服务管理平台去进行会议活动的搭建和管理。通过这个平台可以把事先准备好的信息通过微信、微博、贴吧等社交媒体传播出去，吸引有兴趣的用户主动把身份信息录入企业办会后台。

（2）客户的邀约。借助 H5 和二维码技术制作的电子邀请函和游戏进行客户邀约。

（3）现场会销。根据企业需求将代表身份的专属数字二维码实现智能分配，即针对接车安排、酒店入住、场地分区、座位分配等信息编入身份二维码，主办方可根据二维码信息安排现场接待、现场签到、活动福利等服务。

（4）数据分析和回访。会展活动结束后，为了加强活动对参会者的印象，可以根据会务管理平台反馈的数据信息，对参会者进行回访沟通。

任务二　会展营销创新对策

招展招商
创新对策

一、会展营销理念创新

营销理念创新是企业营销创新的核心和前提。没有创新理念的指导，营销活动就可能仍然追求传统的、不适应新环境的营销模式。会展企业只有把营销创新提上日程，才能使企业在变化中成长。从服务参展商到服务观众，展会存在的意义是为参展商和专业观众创造一个良好的交流平台。因此，会展营销理念能否不断创新，是会展企业营销竞争力形成的关键，是会展项目品牌建设的根本保证。

然而长期以来，会展主办方都是把服务好参展商看作主要营销目标，对专业观众不太重视。事实上，参展商的参展目的就是把自己的产品拿出来让观众了解，并在展览台上找到合适的买家，如果专业观众因对服务质量不满意不来观展，就可能出现整个场馆只有参展商的现象。此外，国内会展企业在营销过程中，往往把招揽国内观众作为目标且已形成了固定的思维模式，忽略了国际专业买家的巨大空间。而欧美发达会展国家的展会主办机构，早就铺开了国际战略，他们在全球经济较发达的国家或城市建立办事处和分公司，搭建全球会展营销和观众组织网，向全球推广他们的展会项目，以完成全球化布局。另一方面，国内多数会展企业追求的是单纯的人气，不管专业买家有多少，质量如何，而是参加会展的人越多越好，会展现场越热闹越好，从而忽视了品牌所蕴含的巨大宣传效应。因此，会展企业应该以会展品牌所代表的主题和特色为指向，招揽特定的参展商和专业买家参与展会活动。

此外，会展企业还需要着力于展会品牌的打造，尤其是对于具有浓厚地方特色、产业优势的优质展会，不只聚焦于展会的参展商、专业观众等参会要素，而且要将展会作为品牌来培养、运营。通过展会品牌的创立与维护，以会展活动的专业性为基础，不断扩大其在行业内的影响力，使其在所属行业、企业、专业观众中具有较高辨识度、知名度，在与同类会展活动的竞争中处于优势地位，从而使得品牌塑造与会展活动营销形成良性循环。

小阅读 8-2　展会专业观众数据利用及注意事项

在会展活动的举行中,参展商以及专业观众的信息搜集、邀请历来是展会筹备中的重要部分,越来越多的展会组织者也开始重视这一工作。在专业观众的数据收集及利用方面,要注意以下事项。

1. 现场打印胸卡的方式并不能很好地收集专业观众数据

在专业观众数据的收集上,现有的门禁服务通常分为现场打印观众资料和不打印观众资料两种。就这两种服务方式来说,对收集观众资料的内容并无差别。笔者认为,如非高端会议项目或展会的 VIP 采购买家,现场打印观众胸卡实在是对资源的一种浪费:一是浪费主办方的钱,二是浪费观众的参观时间。事实上,就胸卡上能够打印的信息内容来说,根本不能起到现场交流辨识的作用。

2. 不能依赖少数员工执行全面的专业观众邀请工作

就目前国内的大部分展览公司组织架构分工来说,做专业观众邀请的部门工作人员往往很少(实际上,大部分公司没有专门负责观众邀请的部门),而且即使是有限的人手,也会存在身兼数职的问题。所以,我们必须面对这个现实,认真研究如何使用少数人来做更多的事。笔者曾看到有一些杂志上介绍观众邀请的文章,讲如何建立详细的数据库、如何实现一对一的邀请等,这些方法和建议很好,问题是不符合实际情况。如果按照这样的方式来做专业观众邀请工作,恐怕国内几乎没有一个主办方能够承受。

3. 调动参展企业的积极性,让更多人参与邀请工作

联展调查数据表明,通常展会中被邀请的专业观众中,主办单位邀请和展商邀请的比例在 1∶3 左右。所以,如何更好地发挥参展企业的邀请作用是目前主办单位应该重视的问题。那么,就要真正从参展企业的角度去考虑,如何避免参展企业担心的客户资料流失问题,如何帮助参展企业提供更好的邀请方式和邀请工具等,而不是把所有的客户资料集中在自己手里。

4. 打造展会邀请平台,采用先进的邀请方式和技术工具

现在,主办单位最为常见的邀请方式还是电话、短信、DM 广告、邀请函等方式,这些方式的成本较高,效果却不尽人意。建议更好地使用先进的信息技术工具,比如邮件订阅、社区互动、博客广告、微信社群等新方式做好对专业观众的邀请服务工作。

结合中国会展企业的现状,如何让少数员工做好展会专业观众邀请?笔者认为,解决这一问题的方法是让员工变为繁杂事务的管理者,而不是执行者。打造一个合理的基于展会项目的观众邀请平台,让更多的利益相关者能够便捷地参与进来,共同邀请数量更多、质量更高的展会专业观众。

二、会展营销内容创新

1. 产品创新

从总体上来看,中国的会展业刚步入发展阶段,还存在着许多有待改进的地方。产品是市场营销的核心要素,策划并适时推出新的产品是营销成功的基本前提。会展企业的产品是会议或展会,事实证明,创新并关注市场需要的会议或展会一定会受到认可和欢迎。

会展活动是以经济活动为基础来展开的,当前科技水平的迅速发展使得全球经济正处于急剧变动的时代,经济生活的不断丰富,使得越来越多的新行业、新业态不断涌现,为会展内容的创新提供了肥沃的土壤。

面对这一新形势,会展企业不仅需要具有敏锐的市场嗅觉,能够及时发现行业新动向,同时也需要具有快速的反应能力,能够及时推出符合市场需要、具有感召力的会展活动。随着会展活动的不断成熟,以内容为核心必将成为会展企业之间竞争的关键要素,因此唯有能在主题创新方面不断开拓的会展企业,才能在激烈的竞争中立于不败之地。

从本质来看,会展主题创新要求会展企业对于当前经济生活具有深刻理解,对行业、产业经济十分熟悉,以及对企业发展的新科技、新应用、新趋势非常敏感,这样才能适时提出具有创新价值的会展主题,并进而孕育出成功的展会。这不仅对会展企业的人才、创新能力提出了更高的要求,也要求会展企业长期深耕某一类或某几类行业,对该行业有行业专家一样的专业性,才有可能提出具有独创性的主题展会。

在过去的很长时间里,我国的会展行业由于起步较晚,许多大型会展项目只能沿袭国外长期以来形成的运作风格,创新的空间十分有限。而现在,我国社会的发展在多个经济领域都已经处于了世界领先水平,为广大会展企业的创新发展提供了良好的机会。而现阶段的会展业界,也都在创新的路上做出积极尝试,但是这条道路并非一帆风顺,会展企业仍面临以下问题。

(1) 尽管寻求创新已经成为会展业诸多从业人员的共识,但是新的商业诉求在哪里?培育一个新型会展项目所需承担的风险谁来买单?企业需要多久能够从新型项目中获益?在当前知识产权保护不够完善的情况下,会展活动极易被竞争者仿制、复制,勇于创新主题的会展企业利益无法得到足够保护,甚至"为他人作嫁衣裳",这些问题无法解决,会展企业很难大刀阔斧地进行主题创新活动。

(2) 尽管创新是大势所趋,跨界融合发展成为会展业未来的发展趋势和方向,但广大会展企业还没有摸索到展会主办方在新商业模式下的收益入口。在这条创新的路上还要遇见哪些行不通的"岔路口",还要交多少学费?这些不可预测的因素,也令会展业界既急于寻求路径,又不敢轻举妄动。

与此同时,企业还面临未来的不确定性,如何更快地预见变化,以做好迎接的准备,毋庸置疑,新科技革命和商业变革将重塑会展产业结构,这也迫使会展业界在面对新商业环境时不仅要勇于接受挑战,而且要及时把握机遇。

 小阅读 8-3　开创会展产业新融合,打造马产业新 IP

中国国际马业马术展会(CHF 马展)是国内唯一的服务于专业马术运动和休闲乘骑产业链各个环节的贸易展会,自 2007 年创办以来,来自 40 个国家的 800 家企业曾经参展 CHF 马展,使展会成为马产业最理想的交流平台。

2019 年,第十三届中国国际马业马术展会(CHF 2019)与在天星调良国际马术俱乐部举行的国际马术大型赛事同期举行。这两个项目的结合全方位升级了展会与赛事,成为 2019 年马术运动专业人士和马术爱好者们最重要的聚会——国际马术文化周,赢得了行业协会、媒体、行业经营者等多方认可。

在为期四天的北京国际马术文化周里,观众除观赏赛事、观摩马展,参与马术专业与文化论坛之外,还可以参与天星调良马术建场20周年庆典活动、马术嘉年华、草坪音乐酒会等可供大众参与的活动以及《遇见中国名画中的马》美术展等。这次北京国际马术文化周涵盖了多年龄层、不同层次参与者的兴趣,将马术这个高门槛的运动带到了普通人面前,让马术大咖、爱好者以及普通民众都能找到自己的视角。不懂马术,也可以在北京国际马术文化周感受自然、生动的马元素。

主办方根据展商与专业观众的需求,逐步完善展会的平台功能,汇聚"更精更专更丰富"的内容——精致展品、专业论坛、专业赛事、投资资讯等。创新展品呈现形式,为展商提供更多的想象空间;创新观众参观模式,为国内外专业观众呈现马产业完整业态,打造"国际马术文化周(北京)"新IP。

2. 形式创新

会展活动的呈现形式是参展商、观众在展会现场所能感受到的第一印象,丰富多彩、独具新意的活动展现形式不仅可以为观众带来更加深刻的产品印象以及丰富的产品体验,而且可以有效提高展会现场的体验感。

当下的展会形式创新主要包括以下几种类型。

(1) 展、会、节事活动等多种形式的综合呈现。尽管很多人在提到会展概念时,仍以展览、会议为主,但在实际活动中,展中会、会中展早已成为常见的活动形态,在展览中增加论坛、研讨会、交流会等内容,弥补展览以商品展示为主,技术、思想交流不足的缺陷;而在会议中则增加一定的产品展示环节,通过实物产品的呈现来强化观众对产品的印象,甚至亲身体验产品,达到与展会相似的效果。通过将会议、展览两种形式进行有机结合,为会议(展览)提供更加丰富的活动,以更加多样化的方式服务参会(展)企业。

而将展会活动与国内外重大节日、事件相结合,打造混合产品也已经成了一种新的时尚。淘宝造物节就是节事、展会活动相融合的最佳范例。

2016年,淘宝造物节首次举办,这是淘宝继双十一购物狂欢节之后针对年轻人推出的又一节事活动。2019年,淘宝造物节举办地点在杭州杭锅老厂房,主要展览区域为户外展区,仅有少部分室内展区。本次造物节共分为"潮流""科技""国风""艺术设计""美食"五大主题,号称是衣食住行等人们未来生活的一次集体亮相。每个主题都有各自的区域,其中既有科技感十足的酷炫产品,创新感十足的"新物种",也有传统文化、历史、少数民族产品等相关展位,很多展位还提供"非遗手艺体验"。而这种将展览、传统艺术市集、音乐会、美食街、时装秀等不同内容糅杂在一起的新型活动,既属于展会,又不同于传统展会。为期14天的活动,丰富的活动内容与创新的活动形式,受到了广大年轻人的追捧,一度成为媒体报道的热点,同时也给众多参展商创造了推广产品、增加影响力的机会。

尽管在一些人看来,展会活动仍应以展览、会议为主,然而会与展的相互交融、节事活动的不断渗透已经给会展活动带来了深远的影响。毕竟,能够真正为广大观众接受和喜爱,能为广大参展商带来利益的展会活动才是成功的,形式方面的创新与变化无不围绕这一核心而展开。因此,与其被动等待,不如主动创新,运用更加丰富多彩的形式为展会服务,使其更加成功。

(2) VR、AR、直播等技术在展会中的应用。近年来通信技术的发展,5G技术的不断成熟与迅速应用,也使得直播等方式成了会展活动的"新常态",越来越多的展会在举办之时同步进行网络直播,从而有效地扩大了影响力,使其产品可以跨越地域、空间的距离,克服场馆容纳人数的限制，与广大无法亲临现场的潜在客户、产品爱好者形成互动。

众所周知，网上会展的弱点之一便在于无法让顾客看到、摸到、感受到产品，而VR、AR、3D打印等技术的不断发展可以有助于解决这一问题。近年来，VR、AR等技术手段越来越多地融入会展活动中，利用这些技术，广大参展商可以更好地呈现其产品，为观众营造更加逼真的浸入式产品体验，同时也往往成为会展活动中的亮点，能够吸引更多观众、媒体的关注。

不可否认的是，2020年的新冠疫情对实体展会的冲击在某种程度上极大地促进了直播等手段在会展企业中的实际使用情况，众多企业开始更多地使用"直播"方式进行产品宣传、推广，使得直播这种新的营销方式前所未有地普及到了广大消费者群体中。而当越来越多的企业从这一形式中受益时，其对会展行业的影响则将是剧烈而持久的。

3. 服务创新

对于会议和展会而言，一个定位明确的主题固然重要，但其根本仍然是完善并富有人性化的配套服务。服务是展会的主要竞争要素之一，它直接影响着参展商和专业观众对展会的印象，并对一个展会是否能发展成为品牌项目起着重要影响作用。

在业界人士看来，当前会展业最大的挑战是：为用户服务没有统一的视角，也没有一体化的信息系统。这意味着，每一个会展活动都将是一个独立的服务"标准"或模式。

新商业环境下，消费形式发生了改变，也促使原有的B2C类展会转身B2F展会模式，这是新经济时代新生代消费群体的另一种消费诉求。在这一时代背景下，展会主办方将转身为活动的资源整合者。而在未来，展会将不再是一个交易平台，而是一个更大范围、有更多链接可能的营销平台，同时也是一个更好的体验现场，这对于展会的服务无疑带来了更大的困难。

传统的会展服务以对参展商、观众的服务为主，所需满足的仅仅是展会的筹备与现场等问题，然而在新技术的冲击下，会展营销和服务都发生了前所未有的变化，尤其是在会展活动现场体验方面，客户的需求越来越高，服务的范围越来越广，甚至被认为超出了会展服务的范畴。不可改变的事实是，新经济时代的服务已经没有标准可参照，最好的服务标准是被客户认同。但是这一标准如何实现，对于会展企业而言则需要根据展会的实际情况进行摸索、总结。

从当前的服务创新来看，广大企业更多表现于利用信息手段对参会者信息分析跟踪，在会展活动前充分地利用大数据平台进行有效客户分析、识别，同时，在展会活动中更多地以观众体验为中心提供相关服务，例如，无线办公、手机WiFi、微博墙、品牌标识的动画等，通过这些手段为与会者提供现场办公的便利，并增强互动感及客户体验。

   小阅读 8-4　CCG EXPO 2020：引领会展行业云时代

2020年7月20日，为期5天的第十六届中国国际动漫游戏博览会（CCG EXPO 2020）在上海落下帷幕，原本以线下为主的展会活动这一次将热闹搬到了"线上"，通过在官网开通的网络直播间与广大观众展开互动，通过主舞台全程直播、线上论坛"CCG EXPO 超·现场"以及线上主播带领观众"云逛展"等形式为观众带来了一场新奇的逛展体验。

1. 主会场活动"云逛展"

对于包括CCG EXPO在内的许多动漫展会而言，直播并非是首次创新之举，过去的展会中经常有网络主播进行直播。今年,鉴于新冠疫情的影响,CCG EXPO组委会进行了系统的规划,邀请几位人气主播"排班",保证展会期间线上直播的持续进行,组委会还根据各位主播不同的擅长领域和个人偏好规划了相应的线路,对展会进行了多视角、立体化的呈现,保证了直播质量。

2. "云论坛"容纳更多关注

CCG EXPO主展厅的门口设置了一间全封闭的"玻璃房",这是本届商务论坛"CCG EXPO超·现场"的会场,与其说是"会场",不如说更像是"直播间"。往届CCG EXPO的商务论坛都以线下形式进行,为诸多参会者提供现场互动、沟通的机会,而今年则完全移到线上,动漫"大咖"们面对直播镜头与观众展开实时连线,不少无法来到展会现场的国外嘉宾也化身"云嘉宾",通过实时连线参与"云访谈"。这不仅解决了疫情期间诸多观众无法亲临现场的困境,而且破除了场地对参与论坛人员的数量限制,使得更多的观众可以加入到线上论坛的互动中来。

3. "虚拟偶像"引领云端生态

在"云端"生态的蓬勃发展中,虚拟偶像是其中一个重要的方向。近年来,以真人明星黄子韬、迪丽热巴为原型的虚拟偶像诞生,虚拟偶像"荷兹"以选手身份参加选秀节目《明日之子》,上海美术电影制片厂经典动画《我为歌狂》中的男主角之一"楚天歌"以虚拟偶像的形式做客直播间带货……虚拟偶像无论是在技术功能上,还是在文化领域上都有了不小的进步。

在本次展会上,由原力数字科技、角川青羽、腾讯视频开发的虚拟女子电竞战队"千鸟"也进行了首次发布,反响热烈。虚拟战队的诞生,说到底是技术的发展使得虚拟偶像可以实现实时互动,电竞战队这种传统线下的概念可以被搬到线上,通过"云端"影响到更大的受众群体。这是未来的趋势,也是CCG EXPO等文化会展活动努力的方向。在未来,或许CCG EXPO深受喜爱的官方形象代言人"芘绫"也会化身虚拟偶像,带领观众在"云上"体验展会现场的精彩盛况。

(资料来源:中国国际动漫游戏博览会官网资料整理而成)

三、会展营销手段创新

在各种营销要素中,最富活力的莫过于营销手段,它不仅具有很强的灵活性,而且对具体营销活动的成败起着决定性的作用。只有不断创新,才能吸引那些早已对常见的营销手段司空见惯的受众。新科技的涌现进一步丰富了会展营销手段,也为整个会展活动的运营带来了深刻的影响。

当前较为常用的营销手段创新主要有以下几种。

(一)微站

微站是移动互联网时代创新型的企业移动门户和手机客户端App的总称,融合了微信、微博、二维码等多种营销方式,可以帮助企业展示形象,打造品牌,开创了一种营销新模式。

微站以企业实务信息为基础,利用企业已有的网站等移动门户,其内容可以自动生成

App,用户只需要使用手机下载 App,安装后可随时随地直接访问微站,省去了输入网址、扫描二维码或通过其他外链访问等步骤。

会展行业利用微站进行营销具有以下特点。

(1) 成本低。微站制作成本较低,以手机端为入口,传达性更强,与传统营销手段相比可以极大地降低成本,且更容易通过目标观众的互相推荐而达到有效投放的目的。

(2) 功能全。微站可集会展活动中不同阶段、不同场景的需求与管理于一体,实现会展活动的多方面功能。在会前,微站可以实现会展信息发布、需求统计、注册、缴费等功能;在会中可以实现签到、抽奖、互动、客户管理等多项功能,在会后,还可以发布投票、问卷等进行客户反馈、信息的搜集。

(3) 效率高。通过将会前、会中、会后三部分功能的整合,形成有机整体,极大地提高了会展组织者的工作效率,而参展商与观众也可凭借微站功能完成几乎全部的相关活动,实现了"一站式"服务。

(二) 互联网社群营销

社群是以人为单位组成的社交群体,有很多种类,生活中常见的同学会、同乡会等都属于社群。互联网社群则是以互联网为载体建立起来的社群,如微信群、QQ 群等,通过利用互联网把大家都装进这样的一个载体里面,突破了地理位置的限制,使得各类有共同爱好的人,突破空间、时间的限制,集结在一起,共同打造一个圈子、一种价值观或一种文化。互联网社群基本上表现为关系型社区,在关系型社区中,由于人与人之间具有相对稳定的关系,能够使品牌顺利地在同质人群中广泛传播。

会展企业通过针对这些网络社群进行会展项目、品牌宣传,通过用户间口碑传播的力量使得传播效果实现几何级的增长。

互联网社群营销具有以下特点。

(1) 以大数据为基础。社群营销的重点在于目标群体的认定、分析以及寻找,即会展活动组织者需要明确会展活动的目标客户群体是哪些,并对其进行分析、确定其所属的网络社群,然后才能有针对性地开展营销活动。近年来,我国在大数据领域的发展为这一步的完成奠定了良好的基础,而一旦完成网络社群的定位,会展企业可以采取更具针对性的方法展开营销活动,从而达到更好的营销效果。

(2) 易于建立口碑。互联网社群营销的目标顾客较为集中,营销方式能够有效接触潜在客户,一旦获得了客户的认可,就能在社群内充分发挥口碑效应,实现营销效果几何级的增长。

以生活中常见的网上购物为例,有市场调查显示:77%的在线购物者会参考其他用户所写的产品评价,而这些人往往对网站拥有更高的忠诚度;超过90%的大公司相信,用户推荐在影响用户是否购买的决定性因素中是非常重要的。互联网社群营销也正是因为具有这一特点,才赢得了越来越多企业的青睐。

(3) 互动性强。互联网社群的结构是多点之间的相互连接,强调凝聚力,是一个可自行运转的生态,在营销活动中表现为具有高频、持久、深层互动的特点,尤其是通过会展企业有意识的营销引导与掌控,激活社群成员的互动性,形成相互感染的冲动购买效应。

以当前比较流行的直播营销为例,人们在观看直播的时候,常常会看到某些产品比较畅销而跟风购买，便是出于一种从众心理。尽管从消费者的角度出发，这种不理智的消费行为并不值得提倡，但是对于企业而言，则是一种十分有效的营销方式。

随着经济、科技的不断发展，新的营销手段也在不断涌现，甚至让人目不暇接，对于会展企业而言，结合自己的会展活动特点，选取最为适合的营销手段，以不变应万变才是长久之计。

实战演练

第三届进博会举办首个网上路演推介会

第三届进口博览会首个网上海外路演推介会于2020年4月9日举行。借力网络，中国国际进口博览局和国家会展中心（上海）向德国海外商会组织的多家行业协会、上百家德国企业介绍了第三届进口博览会参展情况。进口博览局副局长、国家会展中心（上海）副总裁刘福学与德国海外商会上海分部副总经理许丽婷女士在网上签署了参展合同。日本、瑞士等国的组展机构旁听了此次推介会。

中国连续四年成为德国最重要的贸易伙伴，德国则连续45年保持中国在欧洲最大的贸易伙伴地位，互利合作是中德双方一直以来的主旋律。德国是进博会的重要参展国，第二届进博会上就有200余家德企的身影，企业数量和参展面积双双居于欧洲首位，意向成交金额已超过148亿美元，较首届增长了13.7%。

正因如此，德国一直是进口博览会海外路演推介的重要目的地，但受疫情的影响，原本的线下推介会被迫喊停。"针对疫情在全球的发展态势，我们采取网上推介会等方式，致力于创新招展形式，增强企业参展信心。"刘福学在推介会的致辞中欢迎更多德国企业参加第三届进口博览会，"进博会将为各国企业化'危'为'机'，在中国经济的大海中畅游成长、在市场竞争的赛道上'弯道超车'提供绝佳机遇。"

推介会上，进口博览会展览部技术装备展区、食品与农产品展区的负责人，分别就各自展区的最新讯息、亮点特色，与企业现场分享、互动问答。

德国海外商会上海分部副总经理许丽婷女士接受采访时表示："中国市场很大，对德国企业有很大吸引力。"许丽婷女士表示，通过网络视频的方式，德国行业协会及企业连线进口博览局和国家会展中心，便于企业直接了解进博会筹备情况、今年展区亮点，有力推动企业参展。德国卡尔克鲁斯焊接技术责任有限公司亚洲地区技术与销售主管希勒说，对于这样的网上推介会，感到新奇也认为及时，大大增强了企业的参展信心。

值得注意的是，网上推介会突破了地理环境的限制，扩大了参会人员的范围，不仅吸引了远在德国的企业和机构，还吸引了前来"取经"的日本贸易振兴机构、瑞士中心等组展机构，他们表示，日后也将择机组织网上路演推介会，让更多的企业有机会参展第三届进博会。

据统计，截至目前，德国已有近百家企业报名参加第三届进博会，其中不乏大众、宝马、蔡司、西门子等名声响亮的大企业，还有诸多"隐形冠军"。

思考：结合材料，分析网上路演推介会的优势。

模块小结

本模块介绍了互联网时代下会展营销面临的变革,阐述了会展营销创新的含义。在此基础上提出了会展营销创新对策:会展营销理念创新、会展营销内容创新以及会展营销手段创新。

问题思考

1. 互联网时代下会展营销面临哪些变革?
2. 解释会展营销创新的含义及必要性。
3. 如何理解会展营销理念创新?
4. 会展营销内容创新包括哪些方面?
5. 会展营销手段创新有哪些?举例说明。

参 考 文 献

[1] 肖温雅.会展营销实务[M].北京:机械工业出版社,2015.
[2] 陈薇.会展营销[M].重庆:重庆大学出版社,2013.
[3] 刘大可.会展营销教程[M].2版.北京:高等教育出版社,2017.
[4] 魏仁兴.会展营销[M].重庆:重庆大学出版社,2012.
[5] 余意峰,程绍文.会展营销[M].武汉:武汉大学出版社,2014.
[6] 张健康.会展学概论[M].杭州:浙江大学出版社,2013.
[7] 方勇.会展营销[M].北京:中国纺织出版社,2018.
[8] 马勇,肖轶楠.中国会展概论[M].北京:中国商务出版社,2010.
[9] 庾为.会展营销[M].天津:南开大学出版社,2017.
[10] 符雷,崔剑生.会展营销[M].北京:化学工业出版社,2016.
[11] 谢红芹.会展营销[M].北京:北京大学出版社,2017.
[12] 贺学良.会展营销技巧[M].北京:高等教育出版社,2012.
[13] 王胜英,吴峰.中国会展教育蓝皮书[M].上海:上海财经大学出版社,2019.
[14] 何瀚林.新媒体广告在会展营销中的运用研究——以广州家博会为例[J].中国商论,2019(5).
[15] 陈舒平.浅析节事活动营销的成功之道——以乌镇国际戏剧节为例[J].环球市场,2018(36).
[16] 蔚美丽,高欣.大交会中参展商和观众满意度调查与对策分析[J].现代商贸工业,2016(4).
[17] 丁旭,闫旭.奢侈品展会的会展营销策略探讨[J].现代经济信息,2017(33).
[18] 北京世界园艺博览会全面启动国际招展 向世界发出邀请[N].北京日报,2016-09-09.
[19] 这个专业展为何魅力大(行业广角)[N].人民日报,2018-02-05,19版.
[20] 京津冀家博会组委会.组委会全方位营造展会宣传氛围,助力京津冀冬季家博会全城推广,京津冀家博会官方公众号.
[21] Leon360k.公关传播与跨界营销的融合.公关之家.2019-08-01.
[22] 兰馨.5G掀开会展业无界融合新篇[N].中国贸易报,2019-03-14,5版.
[23] 袁帅."互联网+会展"之会展营销新变革[Z].财经网,2017-06-02.
[24] 邀请展会专业观众是一项工程[N].中国贸易报,2017-02-16.
[25] 天星调良国际马术俱乐部,北京国际马术文化周来了 观赛看展嘉年华开启全新生活方式,中国国际马业马术展会(CHF马展)公众号,2019-09-18.